Die Christusenergie

·

Sananda/Jesus Christus
Ines Nandi

Die Christusenergie
Einweihungen und Praxis

ch. falk-verlag

© ch. falk-verlag, seeon 2015
2., erweiterte Auflage 2022
Umschlaggestaltung: Dirk Gräßle
Satz: P S Design, Lindenfels
Druck: Druckerei Stückle, Ettenheim

Printed in Germany
ISBN 978-3-89568-267-4

Inhalt

Vorbemerkungen der Autorin/des Kanals 7

Vorwort von Jesus Sananda 12

Teil I: Die Einweihungen 24

Die Einweihungen im Überblick 26

Anmerkungen zu den Einweihungen 27

Grad I 27

Stufen des Grades I 29

Die drei Einweihungen des II. Grades 35

Die Einweihungen des III. Grades 36

Die Einweihungen des IV. Grades 38

Die Einweihungen des V. Grades 40

Der VI. Grad 41

Einweihungen des VII. Grades 43

Einweihungen des VIII. Grades 45

Der IX. Grad 46

Grad X 48

Die Einweihungen des XI. Grades 51

Die 13 Einweihungen des Meistergrades 54

Nachbemerkungen zu den Einweihungen 67

Teil II: Arbeit mit der Christusenergie 69

Was ist die Christusenergie und wie wirkt sie? 70
Zielgerichtete Absichtslosigkeit 73
Der aufrechte Gang 81
Zur Heilung von Krebserkrankungen 86
Die Handauflegung 90
Über einige „Volkskrankheiten" 95
Christus-Marien-Energie für Tier, Pflanze und
Landschaft 110

Nachwort der
Großen Weißen Bruder- und Schwesternschaft . 113
Nachwort zur 2. Auflage 114
Anmerkungen 115
Die Autorin 116

Vorbemerkungen der Autorin/ des Kanals

Vor einigen Jahren – es muss 2008 oder 2009 gewesen sein – erhielt ich aus der Geistigen Welt dreizehn Einweihungen in eine Heilenergie, die nicht Reiki war; ich wusste aber damals noch nicht, dass es sich um die Christusenergie handelte. Aus welchem Grunde auch immer... ich nahm diese Einweihungen nicht besonders ernst, ja, ich erkannte ihre Kraft und ihre Tragweite in keiner Weise! Erst im Frühjahr 2014, als ich aus einem inneren Impuls heraus mit meinen Heil-Installationen[1] zu arbeiten begann, erinnerte ich mich wieder daran. Mir wurde klar, dass ich dabei genau diese Energie einsetzte. Bald darauf kam die Anfrage von Jesus Sananda, ob ich für weitere Einweihungen bereit sei. Als ich dies bejahte, erfuhr ich, dass ich zu diesem Zeitpunkt den I. Grad von insgesamt zwölf möglichen Graden innehatte.

Ich nahm die Initiationen der Grade II - XII dann in sehr rascher Folge. Während ich die drei Stufen des III. Grades erhielt, begann Jesus Sananda, mir Informationen zu den Einweihungen zu diktieren. Nach Abschluss des XII., des Meistergrades, überarbeitete ich mit seiner Hilfe den Anfang dieses Textes, den ich ursprünglich nur für mich selbst geschrieben hatte. In den darauf folgenden Wochen kamen noch die Kapitel zur „Arbeit mit der Christusenergie" hinzu.

Im Mai 2014 stehe ich selbst noch am Anfang meiner eigenen Arbeit mit Klienten, aber die ersten Ergebnisse sind sehr ermutigend. Jeder Mensch nimmt die Christusenergie auf seine ganz persönliche Weise wahr, aber jeder nimmt ihr Wirken wahr: Manche werden still, andere weinen, wieder andere spüren, wie an ihrem Körper gearbeitet wird, andere empfinden plötzlich eine wunderbare Leichtigkeit.

Jeder, der dieses kleine Buch liest, ist berechtigt, sich die Einweihungen „abzuholen". Warum ist das so? Nun, die Schrift wird genau in die Hände derer gelangen, für die sie bestimmt ist! Ob du dann später die Christusenergie bei der Arbeit mit Klienten einsetzen möchtest oder ob du sie „nur" zu deiner eigenen Heilung und Freude verwenden wirst, ist einerlei! Nun fragst du aber wahrscheinlich: „Wie mache ich das, mir diese Einweihungen abzuholen?" Dein Vorgehen ist einfach: An erster Stelle steht natürlich deine bewusste *Wahl*. Spüre tief in dich hinein und frage dich selbst, was du wirklich willst! Deine Absicht kannst du schriftlich formulieren oder sie dreimal laut aussprechen, um sie der Geistigen Welt und dem Quantenfeld, aus dem die Christusenergie stammt, mitzuteilen. Du kannst zum Beispiel sagen: „Ich, XY, treffe heute die Wahl, die Einweihungen in die Christusenergie zu empfangen." Normalerweise erhältst du sie dann durch Jesus Christus selbst, du bist aber auch berechtigt, darum zu bitten, dass ein anderes Mitglied der Großen Weißen Bruder- und Schwesternschaft sie dir übermittelt. Bezüglich des Tempos bzw. Zeitraums der Aufnahme der Energieübertragungen bist du ganz in deiner Eigenverantwortung. Folge deiner Intuition, folge deinem Herzen, dann kannst du nichts „falsch machen". Du kannst die Dinge sehr schnell oder auch sehr langsam geschehen lassen – kannst täglich eine Einweihung nehmen oder Tage, Wochen, Monate, sogar Jahre zwischen den einzelnen Übermittlungen verstreichen lassen. Es muss sich einfach richtig stimmig für dich anfühlen, was du tust. Wenn du sehr schnell vorgehst, werden die Einweihungen wie ein Bündel von „Initialzündungen" wirken und du wirst die zugehörigen Prozesse noch lange beobachten können. Sicher ist: Einmal in Gang gesetzt, sind die Wirkungen unausweichlich, egal, welches Tempo du für die eigentlichen Einweihungen gewählt hast.

Und wie gehst du vor, um „auf Empfang zu stellen"? Dies ist ebenfalls einfach: Du suchst dir einen ruhigen Platz und sorgst dafür, dass du in den nächsten 30-60 Minuten nicht gestört wirst. Schön ist es, wenn du eine weiße Kerze anzündest und sie vielleicht neben eine Grünpflanze oder einen Blumenstrauß stellst. Dann setzt oder legst du dich hin und bittest um die Energieübermittlung. Während der Übertragung lässt du deinen Atem ruhig fließen und beobachtest, was in und mit dir geschieht. Es kann sein, dass du nur ganz friedlich wirst und spürst, wie die heilende Energie fließt. Es kann sein, dass die Geistige Welt dir Informationen übermittelt, die du aufschreiben solltest. Es kann sein, dass du starke Emotionen erlebst oder auch Schmerzen. Möglich ist auch, dass du merkst, wie an deinem Körper gearbeitet wird... kurz und gut, es ist einfach *alles* möglich, denn die Christusenergie ist hoch potent und greift genau dort in deinen Gesamtorganismus ein, wo sie am dringendsten gebraucht wird und du zu heilen bereit bist.

Solltest du in Schwierigkeiten geraten, mit denen du aus eigener Kraft zunächst nicht zurechtkommst – z.b. schwere Schmerzen oder Emotionen, die dir Angst machen – hat mich die Geistige Welt gebeten, dir Unterstützung anzubieten. Geführt von Jesus Christus, Erzengel Raphael und Meister Hilarion, werde ich dir in einem solchen Falle Hilfe zukommen lassen. Auch begleite ich dich gern durch deinen Einweihungsweg, wenn du dich allein nicht so recht „rantraust", ihn aber doch sehr gerne gehen möchtest.

Im Juni 2014
Ines Nandi

Ergänzung im November 2014

Weiter oben sprach ich vom Tempo und benötigten Zeitraum für die Einweihungen. Ich sagte, dass du dabei nichts falsch machen kannst, ganz gleich, ob du sehr schnell oder sehr langsam vorgehst. Jesus Sananda bekräftigt diese Aussage hier und jetzt. Aufgrund meiner eigenen Erfahrungen möchte ich heute allerdings die dringende Empfehlung aussprechen, dir reichlich Zeit zu nehmen, also *langsam* voranzugehen und jede einzelne Energie-Übermittlung über mindestens eine Woche wirken zu lassen. Ungeduld ist eine Eigenschaft unseres kleinen menschlichen Selbst, die uns in diesem Zusammenhang durchaus in Schwierigkeiten bringen kann. Es kann nämlich unter Umständen ganz schön herausfordernd werden, mit einem „Bündel von Initialzündungen" umzugehen – Wirkungen können sich überlagern und vielleicht fragst du dich gelegentlich sogar, ob du überhaupt Fortschritte auf deinem Weg machst. Wenn du hingegen gemächlicher vorangehst, wirst du dir deinen jeweiligen Standort leichter vergegenwärtigen können. Auf diese Weise ist es meines Erachtens auch einfacher, die Wirkungen der Einweihungen körperlich, mental und psychisch bewusst geschehen zu lassen. Schließlich sollen diese Prozesse nicht in Stress ausarten, sondern dir immer tiefere Freude bringen!

In jedem Fall aber schlage ich dir vor, den gesamten I. Teil (Beschreibung der Einweihungen) zunächst einmal vollständig zu lesen, bevor du entscheidest, ob du dich auf den Weg der Christusenergie einlassen willst.

Ergänzung im Frühjahr 2022

Inzwischen sind einige Jahre ins Land gegangen, die 2. Auflage liegt hiermit vor, und „unsere" Energie hat von der Großen Weißen Bruder- und Schwesternschaft einen neuen Namen verpasst bekommen. Im Sommer 2018 meldeten sich Jesus Sananda, Lady Nada und Mutter Maria bei mir mit dem Wunsch, es solle ab sofort von der **Christus-Marien-Energie** die Rede sein. Was es damit auf sich hat, das erfährst du im Anhang, liebe Leser*in. Meine Verlegerin Christa Falk und ich haben allerdings die Geistige Welt darum gebeten, dieses Buch bis auf Weiteres unter dem alten Titel „Die Christusenergie" weiterlaufen zu lassen, damit es von den Menschen, denen die neue Bezeichnung nicht geläufig ist, besser gefunden werden kann. Denn die Christusenergie ist im Kommen in dieser beginnenden Neuen Zeit, und das unaufhaltsam!

Ines Nandi

Vorwort von Jesus Sananda

Lieber Mensch, der du dieses Buch in Händen hältst, du fragst dich wahrscheinlich, was dich eigentlich konkret hier erwartet. Vielleicht möchtest du zuallererst wissen, wie diese kleine Schrift überhaupt entstanden ist. Nun, sie war nicht geplant – jedenfalls nicht durch Ines, unseren Kanal. Parallel zu den Einweihungen, die sie im Frühjahr 2014 durch mich erhielt, schrieb sie zunächst einmal einfach auf, was ich ihr – im Namen der Großen Weißen Bruder- und Schwesternschaft – hierzu in Worten übermittelte. Was sie nicht ahnte, war, dass wir von Anfang an den Plan hatten, diese Texte der Öffentlichkeit zugänglich zu machen. Erst als wir gemeinsam den II. Teil begannen, der einige Anregungen zur Arbeit mit der Christusenergie enthält, verstand sie, was wir vorhatten. Sie merkte dann, dass der I. Teil mit den Anmerkungen zu den Initiationen zumindest in seinen ersten Abschnitten ein wenig umgeschrieben werden musste, was wir miteinander erledigten. Als schließlich das Manuskript der Verlegerin vorlag, machte diese unseren Kanal darauf aufmerksam, dass es eine ganze Reihe von offenen Fragen gab, die im Text noch nicht beantwortet waren. Auf eben diese Fragen möchte ich nun im Rahmen meines Vorworts eingehen. Ich bitte dich, diese Zeilen mit besonderer Aufmerksamkeit zu lesen und zur Kenntnis zu nehmen. Nur so kannst du bei deiner späteren Entscheidung, ob du dir die in diesem Buch beschriebenen Einweihungen „abholen" möchtest, wirklich bewusst die Verantwortung für dich selbst übernehmen!

Nun also zu den Fragen und meinen Antworten:

1.
Christusenergie – was ist das eigentlich?

Hierauf gehen wir zwar noch im ersten Kapitel des II. Teils genauer ein, aber ich möchte an dieser Stelle vorab einige Hinweise geben, damit du schon einmal einen Anhalt hast:

Die Christusenergie ist schlicht und einfach die Energie des Quantenfeldes, du kannst sie also auch als „Quantenenergie" bezeichnen. Die Quanten aber sind die Teilchen, die aus dem göttlichen *Nichts* aufscheinen und verschwinden und wieder aufscheinen und wieder verschwinden – überall und immer im gesamten Universum. Die Energie der Gott-Teilchen ist ihrer Natur nach die am höchsten schwingende und damit die kraft- und machtvollste Energie überhaupt. Sie ist die Energie der göttlichen *Liebe* und es versteht sich damit von selbst, dass es nicht angemessen ist, verantwortungslos mit ihr herumzuspielen. Diese Energie besitzt eine Heilkraft, die ihresgleichen auf keiner anderen Schöpfungsebene hat, und sie stößt im Menschen bis in die Zellebene hinein Prozesse an, die durchaus extrem herausfordernd sein können. Hierzu weiter unten mehr.

13

2.
Was verstehen wir in diesem Zusammenhang unter „Einweihungen"?

Auf eine Kurzformel gebracht: „Christusenergie weckt Christusenergie"! Selbstverständlich sind die Gott-Teilchen, die Quanten, ALL-gegenwärtig, also auch in *deinem* Körper, in *deinen* Zellen, präsent. Was aber ihre heilende Energie anbelangt, so schlummert diese noch in dir, solange du nicht bewusst um ihre Erweckung bittest. Genau dies aber tust du, wenn du dich auf unsere Initiationen einlässt! Dann nämlich übermitteln wir – übermittelt das Universum – dir Christusenergie, welche deine dir innewohnende Quantenenergie stimuliert und weckt. Diese neuartige Form von Einweihung unterscheidet sich von der alten auch dadurch, dass du selbst entscheidest, wann du reif für die jeweilige Initiation bist – kein Lehrer oder Meister schreibt es dir vor. Damit ist allerdings auch eine hohe Verantwortung für dich selbst verbunden. Du bist gefordert, dir immer wieder Klarheit über dich selbst und deinen gegenwärtigen Entwicklungsstand zu verschaffen, was mitunter gar nicht so einfach sein wird. Tatsache ist aber, dass deine Prozesse umso leichter verlaufen werden, je genauer du in der Lage bist einzuschätzen, ob du die nächste Einweihung jetzt schon verarbeiten kannst.

3.
Warum überhaupt Einweihungen?

Steht nicht ohnehin heute allen alles zur Verfügung? Weiht dich nicht das Leben selbst durch seine Herausforderungen ein? Und kommt nicht gerade durch den Einfluss der Neuen

Energie heute immer genau das auf dich zu, wofür du jetzt gerade reif bist?

Ja und ja und ja – du hast recht, dies alles trifft zu! Und dennoch plädieren wir von der Großen Weißen Bruder- und Schwesternschaft für diese Initiationen. Warum? Nun, es ist eine Frage des bewussten Umgangs mit deinen Erfahrungen. Dir steht grundsätzlich immer alles zur Verfügung, was du brauchst, da, wie du wohl weißt, *immer* alles schon *in* dir ist. Eben auch die Quantenenergie... Nun kann es zum Beispiel geschehen, dass das Leben dir spontan gewisse Prozesse schickt, sei es auf körperlicher, mentaler oder psychischer Ebene, die vielleicht sehr schwierig für dich sind. Du weißt sie nicht zuzuordnen, du fragst dich überhaupt, was jetzt mit dir los ist. Die Wahrscheinlichkeit ist groß, dass gerade die Quanten in dir zu erwachen beginnen! Nun kannst du natürlich sagen: Na, dann lasse ich diesem Prozess einfach seinen Lauf, wozu noch zusätzliche Stimulierung? Stimmt in gewisser Weise – auch auf diesem Wege kommst du „nach Rom", wohin bekanntlich *alle* Wege führen... Tatsache ist aber andererseits, dass durch die beschriebenen Einweihungen schon in Gang gekommene Prozesse günstig, also heilend, beeinflusst werden können. Es wird dir leichter fallen, zum Kern deines jeweiligen „Problems" vorzustoßen, du kannst also unnötige Umwege vermeiden. Vielleicht fällt deine Erfahrung damit zunächst einmal *noch* herausfordernder aus, jedoch gelangst du in aller Regel direkter und schneller zu einer Lösung. Zusammengefasst: Du erhältst durch die Initiationen Impulse, die es dir ermöglichen, immer bewusster durch deine Prozesse hindurchzugehen.

4.
Wer kann sich diese Initiationen abholen? Und wer entscheidet, ob und wann du reif dafür bist?

Grundsätzlich ist jeder Mensch, der dieses Buch liest, ermächtigt, diese Einweihungen zu empfangen. Die Entscheidung, ob du dies willst oder nicht, liegt allein bei dir selbst! Wie schon angedeutet, hat kein Lehrer oder Meister heute mehr das Recht, stellvertretend für dich zu entscheiden. Selbstverständlich kommt damit eine sehr hohe Selbstverantwortung auf dich zu! Warum aber „darf" jeder Leser dieses Buches sich diese Initiationen abholen? Nun, das hat mit dem Gesetz der Anziehung zu tun: Diese Texte werden nämlich ganz genau in die Hände derjenigen Menschen gelangen, die sie brauchen und also Nutzen für sich daraus ziehen können! Wenn also genau *du* jetzt diese Zeilen liest, dann kannst du sicher sein, dass sie für dich geschrieben sind... Auch wenn du dich am Ende gegen die Einweihungen entscheidest – allein die Lektüre dieser Schrift wird schon genau die Prozesse in dir auslösen, die du aktuell für dich benötigst!

5.
Mit welcher Einweihung beginnst du?

Die Antwort ist sehr einfach: mit der allerersten. Und dann holst du dir in genau der beschriebenen Reihenfolge so viele weitere, wie du haben möchtest. Du kannst jederzeit aufhören oder für eine beliebig lange Zeit unterbrechen. Was du *nicht* tun solltest, auf gar keinen Fall, das ist: irgendwo in der Mitte oder am Ende eine Einweihung auswählen, weil du gerade nur diese eine bestimmte Errungenschaft dein eigen nennen willst. Was du auch unterlassen solltest: Initiationen überspringen, weil sie dich nicht ansprechen oder dir vielleicht Angst machen. In einem solchen Fall lässt du bitte so viel Zeit verstreichen, bis du bereit für die entsprechende Einweihung bist – und wenn es ein Jahr oder länger dauert! Die Sache ist nämlich die: Diese Initiationen bauen eine nach der anderen aufeinander auf. Wenn du eine oder gar mehrere auslässt, funktionieren die nächsten nicht wie gewünscht. Mit anderen Worten, wir können dann nicht mehr für die Folgen garantieren...

Ja, „garantieren"... wofür *können* wir denn garantieren? Wenn du diese Einweihungen brav *(Lächeln)* eine nach der anderen empfängst, dann sichern wir dir zu, dass die beschriebenen Wirkungen eintreten werden. Allerdings können wir rein gar nichts über die von dir persönlich benötigte „Zeit" aussagen! Hierzu noch weiter unten.

Eine wichtige Anmerkung noch: Was die Einweihungen des I. Grades betrifft, so haben einige von euch sie schon aus einem oder auch mehreren früheren Leben inne. Wenn dem so sein sollte, dann *weißt du es intuitiv*, sobald du unsere Ausführungen zum Grad I sowie die Auflistung dieser dreizehn Initiationen gelesen hast. Du weißt es ganz klar und mit großer Sicherheit! Ist dies nicht der Fall, dann gehe davon aus, dass du mit diesen Initiationen des Grades I zu beginnen hast. Andernfalls beginnst du mit der ersten Einweihung des Grades II.

6.
Was bedeutet eigentlich genau: „eine Einweihung abholen"? Wie gehst du dabei vor?

Hierzu hat Ines schon dies und jenes in ihren Vorbemerkungen gesagt. Wir bringen dennoch unsere eigene Darstellung:

Zunächst einmal möchten wir erklären, warum wir in diesem Zusammenhang von „Abholen" sprechen. Dieser Ausdruck betont aus unserer Sicht die Tatsache, dass du dich in einen aktiven Geisteszustand hinein begibst: Du entscheidest dich bewusst dafür, die jeweils entsprechende Einweihung zu erhalten! Und dann nimmst du sie ebenso bewusst in Empfang. Unsere Empfehlung: Sitze dabei aufrecht, während beide Füße parallel zueinander am Boden stehen. Liegen ist nicht „verboten", wenn dir das unbedingt angenehmer ist, aber im Sitzen kannst du besser Verbindung mit Mutter Erde aufnehmen und das gehört unbedingt dazu. Die Energieübertragungen wirken umso effektiver, je besser du geerdet bist. Schließlich geht es um die Aktivierung der Quantenenergie in deinem physischen Körper!

Während der Übermittlung brauchst du nichts zu „tun", vielmehr begibst du dich in die Position eines achtsamen Beobachters. Du nimmst wahr, was auf physischer, psychischer und mentaler Ebene mit und in dir geschieht. Es können zum Beispiel die verschiedensten körperlichen Wahrnehmungen auftreten, unter Umständen sogar in der Form von Schmerzen, aber das ist nicht die Regel. Du bemerkst vielleicht, wie an einer oder mehreren Stelle(n) an deinem Körper gearbeitet wird, auch kommt es vor, dass du zu bestimmten Bewegungen animiert wirst, bzw.

dass dein Körper sich wie von selbst in einer bestimmten Weise bewegt. Beobachte all dieses und beobachte auch, ohne zu werten, die Gefühle, die während der Energie-übertragung auftreten. *Alles* ist dabei in Ordnung, sei es Freude, Herzensschmerz, ja sogar Angst oder Wut. Schließlich ist es möglich, dass dir verbale Botschaften übermittelt werden oder dass du Bilder siehst – mit oder ohne Deutung. Es kann aber auch sein, dass du nichts von alledem erfährst! Es kann sein, dass du einfach den Strom der Energie spürst, der dich durchfließt, oder noch nicht einmal das: Es kann sein, dass du überhaupt nichts wahr-nimmst. Auch das ist vollkommen in Ordnung so! In die-sem Falle spüre dein *Sein*, spüre dich selbst, sei jetzt erst recht sehr achtsam! Was auch immer mit und in dir ge-schieht, beobachte es, nimm es wahr, und wenn du merkst, dass die Übermittlung zu Ende ist, bleibe noch ein wenig sitzen und lasse die Erfahrung in dir nachklin-gen. Anschließend schreibe bitte ganz spontan auf, was dir dazu in den Sinn kommt. Beschreibe deine Beobachtun-gen, notiere eventuelle Botschaften oder Bilder, kurz, füh-re ein Tagebuch über deine Einweihungs-Erfahrungen!

7.
Was wird durch die Einweihungen ausgelöst?
Wie werden die zugesagten Ergebnisse erreicht?

Dies ist eine ganz entscheidende Frage! Unser Kanal Ines sprach in ihren Vorbemerkungen von einem „Bündel von Initialzündungen", die in Aktion treten, wenn du dir deine Einweihungen in einer raschen Folge holst. Mit an-deren Worten, in diesem Falle treten die Wirkungen der jeweiligen Übermittlung in aller Regel nicht sofort ein, sondern es wird dabei ein Prozess angestoßen, der sich über eine längere Zeit hinziehen kann. Nimmst du also die Initiationen sehr schnell hintereinander, dann können sich die zahlreichen Prozesse, die fast gleichzeitig in Gang gesetzt werden, auch schon einmal überlagern und es kann vorübergehend sehr herausfordernd für dich werden. Es können starke Schmerzen auftreten, du kannst „krank" werden, dir einen Unfall „kreieren", oder wenn du mehr auf der seelischen als auf der körperlichen Ebene reagierst, dann kannst du emotional auch einmal oder wiederholt in ein tiefes Loch fallen, mit anderen Worten, depressiv werden. Dies alles ist kein Grund zur Panik: Es wird lediglich *(Lächeln)* bei dir und in dir buchstäblich das Unterste zuoberst gekehrt und du wirst mit der Nase auf Wunden gestoßen, von denen du vielleicht geglaubt hattest, sie seien längst verheilt. Jetzt manifestieren sie sich in ihrer allertiefsten Schicht, um endlich endgültig heilen zu können, und das ist angemessen!

Du ahnst es also schon: Es wird sehr, sehr vieles in Gang gesetzt, das du zu durchleben hast, bevor die zugesagten Ergebnisse eintreten! Diese Tatsache wird in der Beschreibung der Einweihungen zwar gelegentlich angedeutet, kommt aber nicht klar genug heraus, was einfach mit dem Bewusstsein unserer Ines während der Phase ihrer Initiationen zusammenhängt. Wir unterstützen also ihre Empfehlung, dir mit den Einweihungen möglichst viel Zeit zu lassen, damit du deine Prozesse sozusagen chronologisch, einen nach dem anderen, durchlaufen kannst. Das macht die Erfahrung mit Sicherheit einfacher für dich und auch übersichtlicher. Betonen möchten wir aber auf alle Fälle, dass die versprochenen Geschenke zu dir kommen – früher oder später, das hängt von dir selbst und deiner persönlichen Entwicklung ab, aber versprochen ist versprochen und Gott schenkt seinen Kindern keinen Stein, wenn er ihnen Brot zugesagt hat!

Noch eine Nachbemerkung: Über die Dauer und Intensität der individuellen Erfahrung können wir keinerlei konkrete Aussage machen, denn dies ist so verschieden wie die Menschen, die die Erfahrung durchlaufen. Es kann sich um Wochen, Monate oder sogar Jahre handeln – alles ist möglich und alles ist in der göttlichen Ordnung so, wie es kommt.

8.
Sind diese Einweihungen „Bestellungen beim Universum"? Und musst du dafür „bezahlen"?

Nun, das Universum ist *kein* Kaufhaus, wie der Ausdruck „Bestellungen" vielleicht nahelegen könnte. Das Universum, das durch die und in den göttlichen Quanten lebt, ist ein unermesslich großes Depot (wenn wir auch einmal einen kaufmännischen Ausdruck verwenden dürfen) von *Geschenken*, die Gott für euch bereithält oder, wenn du so willst, die *du* dir selbst machen kannst. Solch eine Ansammlung von Geschenkpaketen stellen auch die Einweihungen in die Christusenergie dar, und es ist an *dir*, sie anzunehmen und auszupacken. Nun kennst du ja wahrscheinlich die Praxis mancher verschmitzten Freunde, dem Geburtstagskind ein großes Paket zu überreichen, das viele, viele Schichten von Verpackungen enthält, um dann ganz im Innersten vielleicht ein schönes Schmuckstück oder einen Geldschein, jedenfalls etwas Kleines, aber Wertvolles, zu offenbaren. Ganz ähnlich verhält es sich häufig mit deinen Initiationen: Schicht um Schicht wickelst du deine Wundverbände ab, um zum Schluss auf die ursprüngliche Verletzung zu stoßen – und genau diese enthält dein schönstes Geschenk!

Nun wirst du möglicherweise ausrufen: Was? Ich soll mit Schmerzen bezahlen! Und ausgerechnet die schlimmste Verletzung soll mein schönstes Geschenk sein? Darauf kann ich verzichten! Nun, es ist ganz allein deine Entscheidung, ob du hierzu Ja sagst oder heute noch Nein. Früher oder später wirst du begreifen und Ja sagen... Was uns betrifft, so verzichten wir auf eine Erklärung dieses Sachverhalts, denn die Wahrheit unserer Behauptung kannst du nur am eigenen Leibe erfahren – und das wörtlich...

9.
Wann darfst du dich
„MeisterIn der Christusenergie" nennen?

Hier verraten wir dir ein Geheimnis von Ines – mit ihrer Zustimmung: Sie kommt sich zurzeit manchmal wie eine „Hochstaplerin" vor, weil sie sich im März 2014 selbst zur Meisterin ermächtigt hat und dennoch nach wie vor durch Prozesse geht... Aber, lieber Mensch, liebe Ines, Selbstermächtigung ist keine Hochstapelei! Sobald du alle Einweihungen erhalten hast – und ganz gleich, ob die Ergebnisse schon eingetreten sind oder nicht –, bist du berechtigt, dich zum/zur MeisterIn zu ermächtigen. Das betonen wir hier ganz ausdrücklich, und wir stehen dazu. Stehe *du* zu *dir*, lieber Mensch, denn je mehr du das tust, desto mehr bist du ganz real in deiner Meisterschaft und desto schneller entdeckst du die Geschenke in deinen Wunden!

Du bist unendlich geliebt!

Im November 2014
Jesus Sananda
und die Große Weiße Bruder- und Schwesternschaft

Teil I
Die Einweihungen

Die Einweihungen im Überblick

Grad I (grundlegend) 13 Stufen

Grad II (physischer Körper) 3 Stufen
Grad III (Mentalkörper) 3 Stufen
Grad IV (Emotionalkörper) 3 Stufen

Grad V (physischer Körper, höhere Ebene) 3 Stufen
Grad VI (Mentalkörper, höhere Ebene) 3 Stufen
Grad VII (Emotionalkörper, höhere Ebene) 3 Stufen

Grad VIII (physischer Körper, höchste Ebene) 3 Stufen
Grad IX (Mentalkörper, höchste Ebene) 3 Stufen
Grad X (Emotionalkörper, höchste Ebene) 3 Stufen

Grad XI (Eins-Sein) 3 Stufen

Grad XII (Christus-Meisterschaft) 13 Stufen

Anmerkungen zu den Einweihungen

Grad I

Im Namen der Großen Weißen Bruder- und Schwestern-schaft grüße ich, Sananda, alle LeserInnen dieses Textes. Möge er euch tiefe Heilung bringen!

Zunächst ein paar Worte zu den 13 Einweihungen des Grades I, die Ines vor einigen Jahren durch mich erhalten hat:

Diese Einweihungen haben manche Menschen schon in früheren Leben empfangen, denn in dieser Form konnte die Christusenergie auch schon zu Zeiten niedriger Schwingung auf der Erde eingesetzt werden. In der Tat sind diese 13 Einweihungen aber auch heute noch von allerhöchster Bedeutung und Relevanz, stellen sie doch das Grund-Rüstzeug für jeden „Schamanen der Neuen Zeit" dar. Ja, ihr hört recht: „Schamanen der Neuen Zeit"! Und ihr wundert euch wahrscheinlich: „Christusenergie und Schamanentum, was kann denn *das* miteinander zu tun haben?!"

Oh, sehr, sehr viel, meine über alles geliebten und geschätzten Schüler/innen! Alle schamanische Energie hat schon immer mit der Christusenergie zu tun gehabt: Christusbewusstsein ist Einheitsbewusstsein und wahres schamanisches Bewusstsein auch! Heilen kann man/frau nämlich immer nur aus dem Einheitsbewusstsein heraus.

Es geht um die Einheit und das Gleichgewicht der drei großen Teile – Körper, Psyche und Geist! Der wahre Schamane ist immer auch und grundlegend ein Heiler, und der wahre Heiler ist immer auch Schamane, wenn auch nicht im ganz traditionellen Sinne. Er/sie braucht keine Trommel, keine Trancereisen, aber *immer* macht er *Energiearbeit*, und das heißt, dass er „Magie" praktiziert. *„Magie" in jeglicher Form ist nichts anderes als Wirken auf der feinstofflich-energetischen Ebene!*

Die 13 Einweihungen des I. Grades erlauben es jedem, der sie in der heutigen Zeit empfangen hat, eine Tätigkeit als Heiler/in aufzunehmen. Sie sind auch geeignet als ergänzende Qualifikation für alle Ausübenden von medizinischen und helfenden Berufen aller Art. Die Energien, die in diesen 13 Einweihungen übermittelt werden, übertreffen in ihrer Kraft bei Weitem die Energien, die ein Reiki-Meister des höchsten Grades bewegen kann und darf, obwohl sie „nur" den I. Christus-Grad umfassen. Sie wirken in erster Linie auf der emotionalen Ebene und initiieren dort schon bei einmaliger Anwendung umfassende Heilungsprozesse. Diese Heilungsprozesse wirken sich früher oder später auch auf den physischen Körper aus. Wer diese Einweihungen empfängt, der/die geht selbstverständlich zuallererst einmal selbst in solche Transformations- und Heilungsprozesse hinein, die sich zwischendurch auch einmal sehr „unangenehm" anfühlen können, wie du ja aus eigener Erfahrung weißt. Aber keine Bange – der Ausgang in Gestalt einer tiefgreifenden und umfassenden Heilung ist gewiss!

Ich möchte noch anmerken, dass es heute Menschen gibt, die diese Energie-Übermittlungen auf anderem Wege als über mich erhalten haben, zum Beispiel über den Kryon. Oder sie wissen einfach, wenn sie dies lesen, dass sie den Grad I schon innehaben. Für diejenigen, die hier und jetzt beginnen möchten, mit der Christusenergie zu leben, gebe ich hier einen Überblick über die 13 Stufen des I. Grades:

Stufen des Grades I

I/1   Einstimmung in die Schwingung der Freude

I/2   Befreiung von Fremdenergien

I/3   Befreiung von alten Gelübden

I/4   Karma-Klärung

I/5   Erkenntnis der Ursprünglichen Unschuld

I/6   Grundlegendes Urvertrauen

I/7   Stille

I/8   Leere

I/9   Friede

I/10   Freude

I/11   Liebe

I/12   Verbindung zur *Quelle*

I/13   Vollendung des I. Grades

Stufe I/1
Einstimmung in die Schwingung der Freude

Diese Einweihung stimmt dich auf eine Schwingung ein, die du möglicherweise noch gar nicht erreicht hast... Verurteile dich deswegen nicht, das erniedrigt deine Schwingung völlig überflüssigerweise nur noch mehr! Nimm dich und deine gegenwärtige emotionale Lage einfach an, wie sie jetzt gerade ist! Die Christusenergie, die dich während dieser Einweihung durchfließt, ist ganz besonders sanft und liebevoll. Solltest du dies momentan noch nicht genießen können, öffne dich bewusst dafür, diese Sanftheit und Liebe in den kommenden Tagen zu spüren!

Stufe I/2
Befreiung von Fremdenergien

Während dieser Energieübermittlung erhältst du die Gelegenheit, Energien, die nicht zu *dir* gehören, nach Hause zu schicken – zu den Seelen, in denen sie daheim sind. Besonders Energien von Eltern, Geschwistern, Partnern, engen Freunden, die deinen Inneren Raum besetzt hielten, ohne dass du dir dessen bewusst warst, kannst du jetzt wahrnehmen. Segne sie, danke ihnen für ihre Dienste – denn in irgendeiner Weise waren sie dir nützlich – und entlasse sie dann.

Stufe I/3
Befreiung von alten Gelübden

Hier geht es vor allem um die Mönchs-/Nonnen-Gelübde von „Armut, Keuschheit und Gehorsam" und um Schwüre

„ewiger Liebe". Spüre, wie die Christusenergie diese Energien durchfließt und ganz einfach auflöst!

Stufe I/4
Karma-Klärung

Die Christusenergie hilft dir durch diese Einweihung dabei, dir selbst zu verzeihen. Du brauchst gar keine „konkreten Erinnerungen" zu haben. Beobachte deine Gefühle dir selbst gegenüber und lasse dich beim Loslassen unterstützen.

Stufe I/5
Erkenntnis der Ursprünglichen Unschuld

Wenn du dir selbst vergeben hast, ist der nächste Schritt die Erkenntnis, dass es überhaupt nichts zu verzeihen gibt – weder anderen noch dir selbst gegenüber! Du bist, wie alle Wesen, aus göttlichem Ursprung und warst in Wahrheit niemals getrennt von ihm. Alles Leben ist nicht mehr und nicht weniger als *Erfahrung* im Großen Spiel Gottes...

Stufe I/6
Grundlegendes Urvertrauen

Wenn du mit der Unterstützung der Christusenergie deine Ursprüngliche Unschuld erkannt hast, dann besitzt du alle Voraussetzungen dafür, auch zu einem grundlegenden Urvertrauen in das *Leben* zurückzufinden. Vielleicht erfährst du während dieser Einweihung zunächst noch einmal das Gegenteil: ein quälendes Gefühl von Getrenntsein und Verlassenheit. Lasse dich davon nicht irritieren!

Nimm dieses Gefühl vielmehr an und umarme es. Umarme dein kleines „Ego", das glaubt, dieses Gefühl zum Überleben zu brauchen. Und dann tauche in die Christusenergie ein und lasse los!

Stufe I/7
Stille

In der Stille findest du deine eigene, dir innewohnende Göttliche Präsenz. Übergib deine lärmenden Gedanken vertrauensvoll der Christusenergie, die dich durchfließt...

Stufe I/8
Leere

Durch diese Einweihung kommst du grundlegend in Verbindung mit dem, was die Inder das „Nirwana" nennen. Das „Nichts", aus dem Alles-Was-Ist entsteht und wohin es wieder zurückkehrt, ist ein Mysterium auch *in dir*. Hast du Angst davor? Dort wohnen Friede, Freude und Liebe!

Stufe I/9
Friede

Wenn du dich in Stufe 8 auf die Leere wirklich eingelassen hast, dann kommt bei der Einweihung in Stufe 9 ein tiefer Friede zu dir. Sollte dies *nicht* der Fall sein – keine Panik! *Bete* um diesen Frieden und du wirst ihn zur rechten Zeit erhalten!

Stufe I/10
Freude

Friede und Freude sind Zwillinge. Schau dir die deutschen Wörter genau an: Sie unterscheiden sich nur durch einen einzigen Buchstaben (i/u)! Echte Freude entsteht – und kann nur entstehen – auf der Grundlage von tiefem inneren Frieden. Und wenn du dich jetzt *nicht* freuen kannst? Bete wiederum zunächst um Frieden!

Stufe I/11
Liebe

Während dieser Einweihung wirst du mit *sehr* hohen Schwingungen „bombardiert" – keine Bange, das hältst du aus – bist du doch selbst *Liebe*! Übe dich fortan darin, dich als solche zu sehen und zu erfahren; die nächste Einweihung wird dir dabei helfen.

Stufe I/12
Verbindung zur *Quelle*

Du bist Liebe – Liebe aus der *Quelle*, und wenn du dich ganz auf diese Einweihung einlässt, dann kannst du ihr Sprudeln tief in dir spüren. Denke: *„Ich bin Liebe"* und lausche auf das Plätschern des Lebens-Wassers. Fühle, wie der Strom der Liebe dich durchfließt...

Stufe I/13
Vollendung des I. Grades

Die abschließende Einweihung des I. Grades lässt dich noch einmal die Auswirkungen aller vorhergehenden spüren. Lasse dir nun Zeit – mindestens zwei Wochen – bis du zu den Einweihungen der höheren Grade übergehst. Lasse die Stufen des I. Grades in dieser Zeit in dir nachklingen; so bereitest du dich optimal auf alle nachfolgenden Prozesse vor.

Du siehst, dieser I. Grad bringt dir eine umfassende Einführung, und wenn du nach diesen Übermittlungen erst einmal pausieren möchtest oder es überhaupt dabei bewenden lassen willst, dann folge auch hier deiner Intuition! Du kannst die nachfolgenden Beschreibungen einfach zur Kenntnis nehmen und dir anschließend Inspiration für deine Arbeit – mit dir selbst oder mit Klienten – aus dem II. Teil holen.

Die drei Einweihungen des II. Grades

Diese Einweihungen umfassen neue Möglichkeiten, in heilender Weise auf den physischen Körper Einfluss zu nehmen. Die Energien, die hier übermittelt werden, sind Träger eines sehr hohen Bewusstseins der Liebe und des Mitgefühls und sie agieren eigenständig, etwa in der Art von heilenden Engeln!

Übrigens beinhalten die Grade II bis XI jeweils drei Einweihungen, der XII. Grad jedoch wieder dreizehn, sodass der Schüler mit Abschluss der Christus-Meisterschaft insgesamt 56 (7 x 8) Einweihungen erhalten hat. (Die 56 hat die Quersumme 11: die erste Meisterzahl, wobei die 1 „Energie im Fluss" symbolisiert!)

Mit den Einweihungen des II. Grades kannst du heilenden Einfluss auf zahlreiche körperliche Erkrankungen nehmen, wie z.B. Bluthochdruck, Erkrankungen der Atemwege, des Magen-Darm-Traktes, des Urogenitalsystems... Beobachte – dies gilt für jeden, der diese Einweihungen erhalten hat – in den nächsten Wochen deinen Körper mit aller dir zu Gebote stehenden Aufmerksamkeit: Du wirst deutliche Heilungsprozesse feststellen!

Die Einweihungen des III. Grades

Hierbei geht es um geistige Klarheit! Was bedeutet dies aus unserer Sicht (Große Weiße Bruder- und Schwesternschaft)? Geistige Klarheit hat in erster Linie mit deiner *Präsenz* zu tun. Es geht darum, dass du dir (tendenziell) in jedem Moment deines Lebens der Tatsache bewusst bist, wer du wirklich bist, nämlich ein hohes Geistiges Wesen, das gerade durch eine körperliche Erfahrung geht!

Dieses „wisst" ihr, soweit ihr euch auf dem Pfade des Erwachens befindet, schon seit langem mit dem Verstand. Will sagen, ihr habt es wiederholt gelesen oder gehört. Aber reicht das aus? Auch das „wisst" ihr: Es reicht *nicht* aus! Wahres Wissen steckt nicht im Kopf-Verstand; es kommt aus dem tiefsten Inneren, aus Herz und auch Bauch. Wiederum „wisst" ihr das, aber wie kommt ihr zur *Erfahrung* dieser Tatsache? Nun, hierbei helfen euch immens die Energien des III. Grades! Ihr bemerkt ihre Wirkung nicht immer sofort bei der Einweihung, aber sie macht sich in den Tagen danach schrittweise bemerkbar, dessen könnt ihr sicher sein.

Geistige Klarheit bedeutet zweitens, dass ihr euch darüber klarwerdet, warum, mit welchem Ziel ihr in dieser Zeit auf diese Erde gekommen seid. Jeder, der diesen Text erhält und liest, darf in sich die Berufung spüren, eine Meisterin, ein Meister der Christusenergie zu werden und zu sein! Lasst euch mit eurem ganzen Wesen darauf ein — es wird zu eurem Besten sein und zum Besten der Welt!

Zum Dritten bedeutet geistige Klarheit, dass ihr lernt, euren Verstand in den Dienst eures Herzens und des höchsten Zieles der Liebe zu stellen. Wir sprechen hier von der Selbstliebe zuallererst, denn sie ist die Grundlage *aller* Liebe zu anderen Wesen und zur Welt überhaupt! Wenn ihr nun euren Verstand in den Dienst der Selbstliebe stellt, werdet ihr zunächst bemerken, dass er versucht, einen starken Widerstand auszuüben: Euer Verstand ist daran gewöhnt, euch und euer ganzes Leben zu beherrschen, und er mag kein Diener sein – es sei denn, ihr nötigt ihn ein wenig dazu! Überzeugen lässt er sich in aller Regel nicht – zu sehr ist er an das Herrschen und Tyrannisieren gewöhnt! Jedoch – mit eurem Fortschreiten im Rahmen dieser Einweihungen wird es euch gelingen, auch euren ungebärdigen Verstand zu zähmen und ihn zu einem gefügigen und gelehrigen Reittier eures Geistes zu machen!

Die Einweihungen des IV. Grades

Der IV. Grad hat mit eurem seelischen (im Sinne von psychischen) Gleichgewicht zu tun. Ihr fragt vielleicht, warum die Reihenfolge nicht sei: II – physischer Körper, III – Emotionalkörper, IV – Mentalkörper. Gute Frage... hier unsere Antwort: Am Gleichgewicht der Psyche, an der Harmonie des Fühlens, „hängt" alles andere! Du kannst körperlich so fit sein, wie du willst, du kannst mental so stark sein, wie du willst – wenn du dich mit einem kranken Emotionalkörper herumplagst, hilft dir das alles herzlich wenig! Daher sind die Energien, die euren Emotionalkörper heilen, von höherer Schwingung als die anderen!

Nun im Einzelnen: Die Grad-IV-Einweihungen stellen zunächst einmal bei *euch selbst* eine tiefe innere Balance her. Auch hier werdet ihr deren Auswirkungen häufig erst nach und nach immer deutlicher spüren! *Freude* zieht immer mehr in euer Leben ein! Friede wird euer wahres Erbe sein, und es wird euch leichtfallen, immer leichter, die Stille und die Leere in eurem Innersten zu erfahren, die die *Quelle* der Freude sind! Denn der Friede, die Stille und die Leere im eigenen Inneren sind die Quelle jeglicher psychischer Balance. Seid ihr erst einmal vom Frieden durchdrungen, dann beginnt ihr von innen her zu strahlen und zu leuchten, dass es eine Lust ist – für euch selbst und für die Welt! Dann glätten sich auch nach und nach die Wogen an der Oberfläche eures Menschenich-Bewusstseins und ihr werdet aufhören, Reagierende zu sein. Ihr werdet zu wahrhaft – und wahrhaftig – Handelnden werden!

Zum Zweiten natürlich werdet ihr mit den Energien des IV. Grades erleben, wie sie sich heilend auf die Psyche eurer Klienten oder Patienten auswirken. Auch eure Klienten werden die volle Kraft dieser Energien meist erst nach und nach und mit der Zeit erfahren. *Nichts* kann dabei jemals verlorengehen! Aber selbstverständlich erlebt jeder Mensch diese Heilungsprozesse individuell anders, und so bitten wir euch herzlich und sehr eindringlich, niemals zu vergleichen! Wir wissen, dass das Vergleichen in der Natur eures Ego-gesteuerten und Ego-steuernden Verstandes liegt. Seid euch dessen bewusst und übt euch beharrlich im Nicht-Vergleichen!

Drittens: Ihr könnt niemals wirklich in die Irre gehen! Ihr könnt keinen Fehler machen! Was das in diesem Zusammenhang bedeutet? Wenn ihr – auf dem Weg über die Einweihungen des IV. Grades – in einer ständigen Verbindung mit eurer inneren Quelle seid, dann werdet ihr diese beiden Sätze erst wirklich begreifen, und auch das wird eine Quelle der Freude sein! Wer sich aber an sich selbst zutiefst er-*freu*-en kann, der/die befindet sich wahrlich im seelischen Gleichgewicht!

Die Einweihungen des V. Grades

Diese gehen erneut auf euren physischen Körper ein, dieses Mal in einer sehr spezifischen Weise: Ihr könnt diese Energien nutzen, um alle nur erdenklichen Erkrankungen, Veränderungen, Verletzungen... des physischen Körpers dauerhaft zu heilen und den Körper in ein Gleichgewicht zu bringen, das dynamisch und stabil zugleich ist. Wenn ihr diese Energien aufruft, richtet sich die Wirbelsäule spontan korrekt aus, Wunden schließen sich wie von Zauberhand, Infekte verschwinden, Krebs wird geheilt... Ihr nennt es „Wunder", aber es ist einfach Energie im Fluss! Hochschwingende Energie im Fluss, die allerdings nur dann sofort und auf der Stelle zur Wirkung kommt, wenn ein Mensch wirklich-wirklich bereit ist, die Heilung anzunehmen! Wenn Letzteres nicht der Fall ist, dann treten Verzögerungen ein: Der Mensch durchläuft weiter die Prozesse, die er durchlaufen will, weil er sie für seinen individuellen Erfahrungsschatz so und nicht anders braucht!

Bewertet diese Tatsache bitte auf keinen Fall: Spontane, augenblickliche Heilung ist weder „besser" noch „schlechter" als eine Heilung, die sich Zeit über Monate oder auch Jahre nimmt. Das Leben, wie es sich konkret manifestiert, hat immer recht, und ihr sollt niemanden verurteilen noch „heiligsprechen", auch euch selbst nicht!

Der VI. Grad

Dieser bringt euch eine höhere Stufe der geistigen Klarheit. Ihr lernt eure eigenen Muster, Prägungen und bisher unbewussten Glaubenssätze zu durchschauen und erkennt, in welcher Weise diese bisher euer Fortschreiten blockiert und euren wohlverdienten Erfolg behindert haben. Ihr lernt, mit eurem inneren Zweifler und inneren Kritiker in adäquater Weise umzugehen. Diese Anteile wollen euch eigentlich helfen, indem sie euch vor Enttäuschungen bewahren. Sie behaupten, dass ihr „nicht gut genug" seid und daher keinen Erfolg erwarten solltet. Ausgerüstet mit den kraftvollen Energien des VI. Grades könnt ihr diese Anteile einfach da sein lassen, euch gleichzeitig aber neu auf *euch selbst* ausrichten und eure wahre Größe erkennen und annehmen. Ja, die Erkenntnis eurer wahren Größe, nicht mit dem Verstand, sondern mit eurem ganzen Wesen, erfordert unbedingt, dass ihr diese eure Größe auch *annehmt!*

Außerdem ermöglichen euch die Energien des VI. Grades, in eurem Bewusstsein klar zwischen dem zu unterscheiden und auch zu trennen, was zu euch selbst gehört und was zu anderen. Wenn ihr Klienten habt, unterstützen euch diese Energien dabei, euch nicht mit deren Themen und Problemen zu identifizieren, auch wenn vielleicht eine gewisse Resonanz zu eigenen Themen besteht. Diese Resonanz ist ganz natürlich und in gewisser Weise auch notwendig, denn wenn euch nicht manche Erfahrungen mit euren Klienten verbinden würden, dann könntet ihr deren Themen nicht ausreichend erfassen. Wichtig ist aber, dass ihr dabei mit aller Klarheit und Deutlichkeit seht, wo eure eigenen Anteile sind und wo die eurer Klienten. Den

Klienten wiederum helfen diese Energien, wenn ihr sie ihnen übermittelt, sich selbst in ihren Verstrickungen zu erkennen und sich daraus schrittweise zu befreien.

Einweihungen des VII. Grades

Während ihr diese Einweihungen auf der emotionalen Ebene empfangt, können – aber müssen nicht – vorübergehend alte Schmerzen, Kleinheits- und sogar Ohnmachtsgefühle in euch aufsteigen. Lasst euch davon nicht beirren, es hat alles, was geschieht, in diesen Prozessen seine Richtigkeit! Diese Gefühle steigen auf, um bewusst und in Respekt und Liebe euch selbst gegenüber wahrgenommen zu werden. Damit dürfen und können sie endgültig heilen! Lasst in euch geschehen, was geschehen will, lasst da sein, was da sein will, und wehrt euch nicht dagegen. Im Gegenteil, ladet diese Gefühle zu euch ein, damit ihr sie genau kennenlernen könnt. Dann erst wird vollständige Heilung möglich. Erlaubt diese Heilung, dann findet sie statt!

Während dieser Einweihungen werden sehr tiefe Schichten eurer Psyche berührt. Vielleicht glaubt ihr sogar vorübergehend, hinter das im IV. Grad Erreichte zurückgefallen zu sein, aber das ist eine Täuschung. Tatsache ist, dass ihr diese tiefen Schichten eurer Verletzungen vor euch selbst verborgen hattet und dass ihr es nun wagt, sie zu spüren. Das ist ein gewaltiger Fortschritt und keineswegs ein Rückfall!

Wenn aber bei euch *keine* Schmerzen und Kleinheits-Gefühle auftreten, dann ist das natürlich ebenfalls in Ordnung. In diesem Falle haben die Einweihungen des IV. Grades ausgereicht, um eure Psyche grundlegend ins Gleichgewicht zu bringen. Jetzt werdet ihr ein tiefes Gefühl von Frieden, Freude und Glück erfahren, auf das ihr immer wieder Bezug nehmen könnt, wenn es in eurem Leben doch noch einmal turbulent und herausfordernd zugehen sollte.

In jedem Falle: Es besteht Grund zur Freude, denn euer „Schmerzkörper" beginnt sich aufzulösen und ihr geht nachhaltig aus dem Opferbewusstsein heraus. Auch bereitet ihr euch darauf vor, eure eigene grundlegende Unschuld zu erkennen und zu fühlen. Wunderbar!

Noch eine Anmerkung zum Schluss: Was ist das eigentliche Wesen eurer Gefühle des Schmerzes und des Kleinseins? Das eigentliche Wesen dieser Gefühle ist die Illusion! In eurer wahren Größe kennt ihr weder Schmerz noch Ohnmacht. Die Einweihungen des VII. Grades bereiten euch machtvoll darauf vor, diese Größe auch in eurem Menschenalltag zu spüren.

Einweihungen des VIII. Grades
Lichtkörperprozess und Alterslosigkeit

Diese Einweihungen wirken direkt und sehr fördernd auf euren Lichtkörperprozess ein! Dies bedeutet, dass euer physischer Körper immer weniger dicht wird; er wird mehr und mehr durchlichtet, wird immer lichter und auch leichter. Wenn ihr euch seit Jahren oder sogar Jahrzehnten über Übergewicht ärgert – Grund zur Freude, denn ihr werdet ganz konkret abnehmen auf euer Idealgewicht, und dieses werdet ihr mühelos halten. Wenn ihr *nicht* abnehmt, dann ist das ein klares Zeichen dafür, dass euer geglaubtes Übergewicht in Wahrheit das richtige für euch ist. Glaubt eurem Körper – und nicht den Einflüsterungen des Bewusstseins-Mainstreams! Wer wenig oder vielleicht auch zu wenig auf die Waage bringt, der wird unter Umständen etwas zunehmen, aber dies wird kein Fettgewebe sein, sondern lichtvolle Muskeln. Eure Körper werden euch von selbst mitteilen, was und wieviel sie zu sich nehmen möchten und auch, ob sie eine Sportart praktizieren wollen oder Yoga oder Qigong, was auch immer. Ihr werdet gesund und fit sein, egal, in welchem Lebensalter ihr euch befindet. Ihr werdet euch im Inneren genauso wie körperlich einfach jung fühlen, oder besser, alterslos. Auch wenn die Falten in eurem Gesicht nicht unbedingt verschwinden – euer Selbst, eure unsterbliche Essenz, wird zu jedem Zeitpunkt aus euch herausstrahlen und euch unermesslich verschönern!

Der IX. Grad
Entthronung des Verstandes –
das Vereinigte Chakra

Diese Einweihungen sind besonders intensiv und können unter Umständen in der 1. und 2. Stufe als etwas unangenehm erfahren werden. Die Gründe liegen auf der Hand: Der Verstand schickt seine beiden treuesten Verbündeten ins Feld, um euch davon abzuhalten, nämlich den Inneren Zweifler und den Inneren Kritiker. Diese mögen versuchen, euch „die Hölle heiß" zu machen – lasst euch nicht beirren! Ihr seid mitten in euren Einweihungen, und nichts kann die Christusenergien davon abhalten, euch zu durchfließen und euch Befreiung von der alten Tyrannei zu bringen. In Zukunft wird euer Verstand euch zu Diensten sein und der Zweifler und der Kritiker werden euch helfen, euren Kurs zu halten, ohne zu zögern und zu schwanken!

Die 3. Stufe des IX. Grades bezieht die energetische Ebene mit ein: Ihr empfangt in ihrem Verlaufe das Vereinigte Chakra, das heißt eure 7 Energiezentren vereinigen sich unter dem Einfluss dieser Christusenergien zu einem einzigen Zentrum, das auch eins mit eurer Aura wird und dem zunächst die Farbe Weiß zugeordnet ist, später die Farbe Gold. Wie könnt ihr erfahren, dass dies tatsächlich geschieht? Empfangt die Einweihung IX/3 im Sitzen und stellt dabei unbedingt eure Füße parallel auf den Boden. Mutter Erde schickt euch die Strahlen nach oben, die während eurer vorherigen Einweihungen (Grad I – VIII) durch euch hindurchgeflossen und in sie eingeströmt sind: Es ist rotes, oranges, gelbes, grünes, blaues, violettes und weißes Licht – also Licht in den Farben, die die 7 alten

Energiezentren aktiviert haben. Dieses Licht heilt eure alten Chakren komplett, das heißt, es öffnet sie alle vollkommen, und sie drehen sich in Richtung und Tempo zu 100% genau nach der Göttlichen Ordnung! Wenn alle Energiezentren vollkommen heil und im göttlichen Gleichgewicht sind, dann vereinigen sie sich spontan unter dem Einfluss der Christusenergie. Freut euch, denn nun habt ihr die Voraussetzungen erlangt, um zum Grad X zu kommen!

Grad X
Die vollkommene Liebe und Selbstliebe

Beachtet: Die vollkommene, die bedingungslose Liebe ist nur und ausschließlich auf dem Wege über die vollkommene Selbstliebe zu erreichen! Wenn ihr anderen Wesen „helfen" wollt, müsst ihr zuerst einmal euch selbst helfen, und die Voraussetzungen hierfür werden durch die 3 Stufen der Großen Herzöffnung (für euch selbst) geschaffen, die in den Einweihungen des X. Grades anstehen!

Die 1. Stufe dieser Großen Herzöffnung bringt eine sehr schnelle und vollständige Auflösung des inneren Zweiflers mit sich. Eure Selbstzweifel schmelzen einfach weg! Die Energie des ehemaligen Zweiflers wird später als Helfer-Energie zu euch zurückkehren. Ebenso lösen sich viele alte negative Glaubenssätze über euch selbst auf, die euch in der Kindheit durch eure Eltern eingepflanzt wurden. Zum Beispiel dieses „In unserer Familie sind wir alle 'unsportlich'", das Ines so gut von ihrer lieben Mutter kennt. Es hat sie ein Leben lang begleitet, geprägt, in ihren körperlichen Aktivitäten blockiert. Nun kann sie es einfach gehen lassen...

Die 2. Stufe der Großen Herzöffnung befreit euren inneren Kritiker. Den, der euch ein Leben lang unermüdlich zu Höchstleistungen aller Art angestachelt hat und der nie genug davon kriegen konnte, euch trotz allem immer und immer wieder „Versager!" ins Ohr zu brüllen. Dieser innere Kritiker entstand, wie auch der Zweifler, in eurer Kindheit – beim einen schon sehr früh (bei Ines schon im Alter von zweieinhalb Jahren), beim anderen etwas später. „Du bist nicht gut genug, um Vater und Mutter zu gefallen" – darum ging es letztlich immer und nur in seinen Einflüsterungen! Vater und Mutter gefallen, das ist seelisch überlebensnotwendig für ein kleines Kind. Da eure Eltern in aller Regel selbst in Unbewusstheit lebten, konnten sie euch nicht die bedingungslose Liebe vermitteln, nach der ihr euch so sehntet. Ihr suchtet die „Schuld" bei euch selbst und glaubtet, euch unermesslich anstrengen zu müssen, um liebend wahrgenommen und angenommen zu werden. Euer unerbittlicher Kritiker ist in seinem innersten Kern nichts weiter als das verzweifelte kleine Kind, das ihr einmal wart... Und genau dieses Kind erfährt Befreiung durch die 2. Große Herzöffnung! Ihr seid nun erst wirklich fähig, euch selbst diesem traurigen Kind zuzuwenden und ihm zu sagen: „Ab jetzt darf alles ganz leicht gehen – das Ende der Anstrengung ist gekommen, du darfst aus dem Hamsterrad aussteigen!" Seid gewiss, euer Kritiker wird schon sehr bald vollständig verstummen! Er wird euch demnächst in verwandelter Gestalt beim lustvollen Erschaffen eures neuen Lebens unterstützen...

Die Einweihungsenergien X/3 schicken sehr schnell und effektiv euren Verstand in den Urlaub! Ihr merkt es kaum, aber sobald euer Herz zu schmerzen beginnt, ist er gegangen. Er wird als der Diener eures größeren Geistes und eures Herzens zurückkehren. Nun geht es noch um die endgültige Auflösung eures Schmerzkörpers. Auch dieser entstand in eurer Kindheit, und da fast immer schon bei der Geburt, die mit Todesängsten verbunden war. Ihr habt das Leiden schon sehr früh gelernt! Der Schmerzkörper ist ein extrem hartnäckiges Wesen, und darum dauert auch jetzt noch seine Auf- und Erlösung etwas länger: Er leistet Widerstand bis zum Schluss... Es kann hilfreich sein, wenn ihr in der letzten halben Stunde (diese Einweihung kann bis zu 1 ½ Stunden dauern) unter meiner Anleitung im Sitzen ein paar leichte körperliche Übungen und Atemübungen durchführt. Auch nach dem Ende der Einweihung könnt ihr noch für eine Weile einen leichten seelisch-körperlichen Schmerz fühlen – er wandert vom Herzen nach unten in die Magengegend und verschwindet zum Schluss in eurem Bauch. Macht euch aber keine Sorgen, wenn ihr die Dinge ganz anders erlebt als hier beschrieben: Es gibt bei diesen Einweihungen kein „Richtig" oder „Falsch", sie geschehen einfach bei jedem, wie es für sie oder ihn angemessen ist!

Die Einweihungen des XI. Grades
Eins-Sein

Wenn ihr die Einweihungen des X. Grades empfangen habt, kann es euch immer noch „passieren", dass ihr negative Gefühle wahrnehmt, die aus den Tiefen aufsteigen: Frustration, Neid, Angst, Wut... Lasst euch davon nicht beirren, fangt bitte nicht wieder an, an euch selbst zu zweifeln! Warum können solche Gefühle jetzt immer noch auftreten? Nun, euer eigentlicher Kleingeist, euer Ego, ist ja noch da! Trotz aller vorherigen Einweihungen, trotz der drei Großen Herzöffnungen des X. Grades – euer Ego ist nicht verschwunden, und es ist sogar möglich, dass ihr seine Emotionen noch *nach* Erreichung der Christus-Meisterschaft für eine ganze Weile nachklingen spürt. Alles dies ist kein Grund zur Panik, im Gegenteil: Schließt das Ego mitsamt seinen Emotionen einfach in eure große Selbstliebe mit ein! Damit helft ihr ihm, sich nach und nach zu transformieren und in eure höheren Ebenen einzugehen. Ihr braucht es nicht „abzutöten", umarmt es einfach und geht mit ihm weiter!

Die 1. Stufe der Einheit von Körper-Seele-Geist berücksichtigt genau diese erwähnten Emotionen des Egos. Vielleicht erlebt ihr während dieser Einweihung noch einmal ganz besonders stark seine Ungeduld. Vielleicht auch klingen seine Todesängste an oder sein wütendes Verlangen nach äußerem Erfolg. Was auch immer ihr während der Energieübertragung erfahrt, es ist vollkommen in Ordnung! Geht hindurch und atmet ruhig und regelmäßig weiter, es ist *alles* gut! Was auch immer geschieht, diese 1. Einweihung des XI. Grades harmonisiert vom physischen Körper ausgehend euer gesamtes Wesen als Individuum, das mit Allem,

Was Ist verbunden ist. Horcht für den Rest des Tages auf euren physischen Körper und tut, um was er euch bittet! Vielleicht ist es ja nur ein Glas Wasser, gerade jetzt... Nehmt an diesem Tag bitte keine weitere Einweihung, sondern spürt euren Körper, schenkt ihm Aufmerksamkeit und Liebe! Damit stellt ihr sicher, dass das Ziel dieser Einweihung erreicht wird. Ihr werdet es fühlen und wissen!

Die 2. Stufe des XI. Grades kann euch unter Umständen relativ unspektakulär erscheinen, aber sie ist von allerhöchster Bedeutung! Euer kleiner Ego-Geist wird in dieser Einweihung auf eine Weitung ausgerichtet, die alles andere als unspektakulär ist. Ihr werdet dieser Tatsache in den folgenden Tagen gewahr werden! Was bedeutet dies konkret? Nun, ihr lernt zu unterscheiden, und das in aller Klarheit, zwischen den Interessen eures Egos und den Interessen, die euren höheren Ebenen zugehören, also euren *wahren* Interessen. Wenn eine Ent-Täuschung euch frustriert, dann ist mit absoluter Sicherheit euer Ego im Spiel, das erkennt ihr jetzt mit größter Deutlichkeit. Eure höheren Ebenen sind niemals frustriert, wenn etwas anders läuft, als sie es ursprünglich geplant oder erwartet hatten. Mit den Energien der 2. Stufe des XI. Grades nun wird eurem Ego allmählich klar, dass seine Pläne und Vorstellungen selten das sind, was auch in eurem höheren Interesse liegt. Es lernt zurückzustehen, aber nicht den Interessen anderer Menschen gegenüber, sondern den eigenen höheren Interessen zuliebe. Beobachtet euch selbst und euer Leben in diesen Tagen gut: Es wird mit großer Wahrscheinlichkeit ein Ereignis eintreten, das euer Ego ziemlich frustriert. Dann denkt an diese meine Worte, spürt in euch hinein und lasst geschehen, was in euch geschehen will!

Ein Weiteres möchte ich euch in diesem Zusammenhang noch sagen: Ihr beginnt jetzt, euch immer mehr eins in euch selbst zu wissen! Denn euer höherer Geist übernimmt nun immer mehr die Regie und führt euch, wohin ihr *wirklich* wollt...

Die Einweihung der 3. Stufe des XI. Grades betrifft erneut euer Gefühlsleben. Vielleicht wundert es euch, wie verzagt euer Ego immer noch ist, wenn ihr genauer in euch hineinspürt. Dies mag nicht jede/n betreffen, aber bei vielen wird es so sein. Bedenkt hierbei aber, dass ihr nun schon einen weiten Weg mit der Christusenergie gegangen seid! Dies bedeutet, dass eure Ego-Verzagtheit auf einer sehr hohen Stufe stattfindet. Was ich damit meine: Es handelt sich hierbei um Ängste eures Egos, sich zu weiten und in euren höheren Geist einzugehen. Genau dies steht nämlich in den kommenden 13 Einweihungen des Meistergrades auf der Tagesordnung. Täuscht euch daher nicht: Ihr seid schon sehr weit fortgeschritten in der Erfahrung der Christusenergien und in der Arbeit mit ihnen! Freut euch, denn was kommt, ist durch keine Macht der Welt mehr aufzuhalten!

Die 13 Einweihungsstufen des Meistergrades

XII/1   Einstimmung in die Schwingung der *Freude*

XII/2   Befreiung von allen Fremdenergien

XII/3   Befreiung von allen alten Gelübden, Schwüren, Flüchen etc.

XII/4   Befreiung von allem Karma

XII/5   Wieder-Herstellung der Ursprünglichen Unschuld

XII/6   Wieder-Herstellung des Ur-Vertrauens

XII/7   Stille

XII/8   Leere

XII/9   Friede

XII/10   Freude

XII/11   Allumfassende Liebe

XII/12   Rückkehr in die *Quelle*

XII/13   Geschafft! Einfach nur Freude!

Anmerkung: Wie ihr seht, enthalten diese 13 Stufen hin zur Meisterschaft dieselben Themen wie die Stufen des I. Grades, dieses Mal aber jeweils auf der höchsten für Menschen derzeit erreichbaren Ebene.

Stufe XII/1
Einstimmung in die Schwingung der *Freude*

Freut euch, denn euer Weg zum Gipfel der Meisterschaft geht seiner Vollendung entgegen! Freude ist der Grundton in diesen Einweihungen, denn Freude ist der Grundton im Leben eines Meisters, einer Meisterin. Und so stimmt euch die 1. Stufe des Meistergrades schon einmal auf die Schwingung der Freude ein. Ihr braucht hierfür nur etwa eine halbe Stunde, könnt euch aber natürlich auch mehr Zeit dafür nehmen – in jedem Falle empfehle ich euch, die empfangenen Schwingungen noch für eine Weile bewusst in euch nachklingen zu lassen.

Wir werden im Zusammenhang mit den Einweihungen des XII. Grades nicht mehr vom Ego sprechen und auch nicht von seinen Ängsten.

Liebe, Friede, Stille, Freude werden unsere Inhalte sein, *Vertrauen* in euch selbst und in das Göttliche Universum wird sich auf diesem Wege ganz natürlich einstellen: Ihr dürft aufatmen, frei durchatmen – es ist ALLES gut in eurem Leben, ihr seid vollkommen in Ordnung, und die Freude ist euer natürlicher Zustand, in den ihr wieder zurückkehrt!

Stufe XII/2
Befreiung von allen Fremdenergien

Die Einweihung der 2. Stufe befreit euch gründlich, ein für allemal und nachhaltig von sämtlichen Fremdenergien, die euch noch besetzt gehalten haben. Energien von Eltern, Geschwistern und anderen Verwandten, Energien von Partnern, Freunden und „Freunden", Energien von Menschen, die euch „helfen" wollten, Energien von Menschen, die euch schaden wollten... Sie alle werden von den Engeln bei den Händen genommen und sanft und liebevoll dorthin geleitet, wo sie in Wahrheit zu Hause sind! Ihr werdet sofort eine enorme Weite und Befreiung spüren können, seid ihr doch jetzt der unumschränkte König, die unumschränkte Königin in eurem eigenen Reiche! Nichts und niemand kann euch jemals mehr manipulieren, beherrschen, ausnützen, aussaugen... Ihr seid frei von allem, was euch von innen her schaden kann, und darum kann euch auch von draußen her nichts und niemand mehr etwas antun! Diese Einweihung ist immens wichtig und die unerlässliche Voraussetzung für die 11 noch folgenden. Ohne sie würden diese folgenden Einweihungen ins Leere laufen. Lasst daher, um ihre Wirkung zu festigen, ca. 24 Stunden bis zur Einweihung XII/3 verstreichen, bei der es um die Auflösung sämtlicher Reste von alten Gelübden etc. geht.

Stufe XII/3
Befreiung von allen alten Gelübden, Schwüren, Flüchen etc.

Die Einweihung der Stufe 3 bringt euch endgültige und nachhaltige Auflösung und Befreiung von sämtlichen alten Gelübden, Schwüren, Eiden, Flüchen, die ihr jemals, wie und wann und wo auch immer, ausgesprochen habt oder die gegen euch verhängt wurden. Dies betrifft auch die Gelübde etc. aller eurer Ahnen!

Ich weiß, ihr, die ihr schon längere Zeit auf spirituellen Wegen unterwegs seid, ihr habt in der Regel schon des öfteren Rituale zur Auflösung solcher Verbindlichkeiten ausgeführt, habt lange Formeln gesprochen, Absichtserklärungen an das Universum abgegeben. Aber bei niemandem, der nicht mit diesen kraftvollen Energien der Stufe 3 des XII. Grades in Berührung gekommen ist, wurde wirklich alles restlos aufgelöst. Insbesondere die alten Mönchs- und Nonnengelübde von „Armut, Keuschheit und Gehorsam" sind extrem hartnäckig in der Auswirkung auf eure Psyche und auf euer ganzes Leben; sie sind ja viel, viel älter als die katholische Kirche und ihr habt sie so oft abgegeben! Ebenso behindern euch Treueeide, Schwüre ewiger Liebe und Verfluchungen aller Art. Alles dieses verschwindet jetzt für immer aus eurem Leben! Und das Schöne daran ist auch, dass ihr mithilfe dieser Energien eure Klienten davon befreien könnt.

Nach der relativ kurzen, aber intensiven eigentlichen Befreiung von diesen Bindungen folgt noch eine tiefgreifende Reinigung eures Nervensystems auf allen Ebenen: Neuronale Vernetzungen, die jetzt nicht mehr gebraucht werden, werden aufgelöst und die Grundlagen für die Schaffung neuer, freiheitlicher Denk-, Fühl- und Handlungsmuster werden gelegt! So werden die Voraussetzungen für einen kompletten Neustart eures Systems geschaffen, der in den nun folgenden Tagen beginnt.

Stufe XII/4
Befreiung von allem Karma

Diese Einweihung kann sehr bewegend sein – wohl am stärksten von allen Einweihungen überhaupt. Tränen können reichlich fließen – Tränen des Mitgefühls für euch selbst, Tränen der Rührung, Tränen der Erleichterung... Vielleicht bleibt ihr aber auch ganz „trocken", während ihr im Innersten erschüttert und erleichtert werdet. Eure verletzte Weiblichkeit wird nachhaltig und zutiefst geheilt, eure verletzte Männlichkeit ebenso! Bevor Frauen von Männern unterjocht und vergewaltigt wurden, unterjochten und kastrierten Frauen Männer... Hinzu kamen Verletzungen eurer Körper durch Folter, im Krieg, durch Unfälle, schwere Geburten, Krankheiten... Alles dieses war in euren Körpern auf *allen* Ebenen gespeichert: auf der physischen, der mentalen und der psychischen Ebene! In dieser Einweihung werden tiefste und wunderbare Heilungs- und Regenerationsprozesse initiiert – so können Frauen jenseits der Menopause wieder fruchtbar werden und Kinder gebären, wenn sie sich dafür entscheiden. Diese Stufe beinhaltet nämlich einen entscheidenden Quantensprung in eurem Lichtkörperprozess: Die 12-strangige DNA wird aktiviert! Lest hierzu gegebenenfalls die Informationen des *Kryon* durch Lee Carroll; von uns, der Großen Weißen Bruder- und Schwesternschaft, kommen Ausführungen hierzu über Ines[2]. Durch die Aktivierung der 12-strangigen DNA werden für euch bisher unglaubliche Prozesse möglich, die ihr „Wunder" nennt.

Ein weiterer Effekt dieser Einweihung ist, dass ihr entschlossen und nachhaltig aus dem Opferbewusstsein herausgeht. Ihr übernehmt ab sofort die volle Verantwortung für euch selbst und für euer Erleben der Wirklichkeit – ihr anerkennt eure eigene Schöpferkraft. Damit werdet ihr zu freien Menschen, die ihr Glück bewusst wählen – denn wer würde schon bewusst Leiden und Unglück wählen?! Euer Horizont weitet sich ins Unendliche hinein und ihr haltet jetzt Dinge für möglich, die ihr zuvor für völlig unmöglich erklärt habt. Aber gerade dadurch, dass ihr jetzt ihr Möglichsein erkennt, können sie Realität – physische Realität – werden!

Stufe XII/5
Wieder-Herstellung der Ursprünglichen Unschuld

Während dieser kraftvollen Einweihung erhaltet ihr eure *Ur-Matrix* wieder, aber sie ist veredelt mit der Quintessenz eurer kostbarsten Erdenerfahrungen! Auf dieser Grundlage wird auf der physischen Ebene euer gesamtes Nervensystem neu hochgefahren, das heißt, dieser Prozess beginnt exakt mit dieser Einweihung und erreicht seinen Höhe- und Endpunkt mit der letzten, der 13. Einweihung dieses XII. und Meistergrades. Diesen Neustart eures Systems kündigten wir (die Große Weiße Bruder- und Schwesternschaft) schon am Ende unserer Ausführungen zur Stufe 3 an. Wir bitten euch, diese letzten Tage für so wichtig zu nehmen, wie sie sind. Schont euren physischen Körper in dieser Zeit, mutet ihm keine übermäßigen Anstrengungen zu, auch nicht im Sport, und gönnt ihm ausreichend Schlaf, wenn es euch möglich ist, auch eine mittägliche Ruhe von mindestens einer halben Stunde. Manche von euch werden sich ohnehin ziemlich müde fühlen – in diesem Falle hört unbedingt auf die Bedürfnisse eures Körpers! Vielleicht seid ihr sogar ein wenig krank, habt die Symptome eines Infekts – alles das ist jetzt möglich und ganz normal. Es geschieht nämlich etwas Außerordentliches in eurem Körper: Nachdem die veralteten neuronalen Vernetzungen annuliert worden sind (Stufe 3), entstehen nun spontan die Anlagen für völlig neue Netze, die es euch immens erleichtern, *neue* Gewohnheiten, Denk- und Handlungsmuster zu entwickeln – Gewohnheiten nämlich, die eines *freien* Menschen angemessen sind, Denk- und Handlungsmuster, die von der Schwingung der Freude gespeist sind! Versteht uns recht: Ihr selbst dürft diese neuen Muster entwickeln und durch Wiederholung ständig verstärken. Sie entstehen durch euer eigenes aktives Handeln auf der Grundlage der in dieser Einweihung als Samen gelegten Anlagen! Es handelt sich also nicht um einen Automatismus, sondern ihr selbst wählt bewusst eure neuen, freudvollen Gewohnheiten und Muster.

Stufe XII/6
Wieder-Herstellung des Ur-Vertrauens

Ihr Lieben, zu Beginn dieser Einweihung können einige von euch noch einmal dem schwärzesten Dunkel begegnen, das die Menschheit jemals erfahren hat. Die es betrifft, werden wissen, wovon ich spreche – ich gehe daher nicht ins Detail. Auch du, liebe Ines, hast damals dein Ur-Vertrauen vollständig verloren und in unermesslichem Hass und Selbsthass den Schlüssel zu deiner Selbstliebe in den tiefsten Grund des Ozeans deines Unbewussten geworfen. In dieser Einweihung wird euch dieser Schlüssel, so er euch abhandengekommen war, wieder geschenkt! Verträge, die ihr mit der dunklen Seite abgeschlossen hattet, werden komplett annulliert – soweit sie nicht schon während der Einweihung XII/3 gelöscht wurden. Nichts und niemand kann euch nun mehr schaden, nichts und niemand kann euch mehr ins Wanken bringen: Ihr wisst jetzt wieder um eure ursprüngliche Geborgenheit in der Göttlichen Quelle, ja, ihr könnt diese Geborgenheit wieder *fühlen*! Mit Zuversicht und Freude, mit Begeisterung werdet ihr jetzt jeden neuen Tag beginnen können, denn ihr habt wieder Vertrauen in das ***Leben***!

Stufe XII/7
Stille

Mit dieser Einweihung beginnt eure eigentliche Rückverbindung zur *Quelle*! Bitte lasst keine Musik dabei laufen, falls ihr dies bisher getan habt, und verzichtet auch bei den Stufen 8 bis 11 auf eine musikalische Begleitung. Zur Stufe 12 und 13 ist dann eine freudvolle Musik angemessen, z.b. Händels *Wassermusik* und *Feuerwerksmusik*.

Zu Beginn lasst euch tief in euren Körper sinken, lasst dabei euren Atem weich und regelmäßig fließen und beobachtet ihn. Die Energien dieser Einweihung verbinden euch dann sehr leicht und mühelos mit dem Ort der *Stille* in euch selbst. Ihr braucht danach nichts weiter zu tun, als diese Stille zu spüren. Ihr werdet erfahren, wie sie euch von jeglicher Schwere und Trauer befreit, die vielleicht noch in euch waren. Genießt dieses Gefühl der Erlösung und der Leichtigkeit für den Rest des Tages. Wenn ihr die Einweihung am Abend genommen habt, erinnert euch am folgenden Morgen daran und genießt das Gefühl bis zur nächsten Stufe!

Stufe XII/8
Leere

Diese Energieübertragung führt euch in das Zentrum des Göttlichen Geistes hinein, das vollkommen leer ist. Kein Gedanke, keine Emotion, keine Empfindung ist hier. Nichts ist, es ist das Nichts. Hiervon könnt ihr euch keine Vorstellung machen, denn jede Vorstellung beinhaltet Etwas. Wenn ihr also während dieser Einweihung nichts weiter wahrnehmt, als dass ihr einfach jetzt hier seid, dann ist das ein Hinweis auf die Göttliche Leere.

Ihr könnt diese Gelegenheit auch dazu nutzen, dass ihr immer wieder alle Gedanken aus eurem Kopf ausleert. Am einfachsten geht das über die Beobachtung eures Atems: Sobald ein Gedanke auftaucht, wendet eure Aufmerksamkeit sogleich wieder dem nächsten Einatmen zu! Das ist auch eine gute Übung, um sich ins Jetzt, in den Göttlichen Augenblick, zu begeben. Nehmt wahr, dass das Jetzt und die Leere *eins* sind – es ist eine Leere, die nichts ist und zugleich alles, denn *alle* Potenziale des Universums sind in ihr enthalten! Der Atem ist das Tor zum Jetzt, und das Jetzt ist das Tor zur Leere – so möchten wir die Quintessenz aus der Erfahrung formulieren, die diese Initiation euch vermittelt. Wiederholt diese Übung auch später immer wieder: Sie verbindet euch mit dem tiefsten aller Göttlichen Geheimnisse!

Stufe XII/9
Friede

Zu Beginn dieser Energie-Übermittlung könnt ihr dreimal tief einatmen und dann mit einem kräftigen Seufzer ausatmen. Auf diesem Wege werden Seelenanteile integriert, die eurem Frieden vielleicht noch im Wege gestanden haben.

Der Göttliche Friede, der nun in euer Herz und in euren Geist einkehrt, harmonisiert und balanciert euer gesamtes Wesen in einer nie gekannten Weise. Ihr *seid* selbst dieser Friede – lasst diese Erkenntnis jetzt vollständig zu! Friede *sein*, was bedeutet das für euch und für die Welt? Es bedeutet erstens, dass ihr jegliche Streitsucht für immer hinter euch lasst. Solche Menschen sind nicht mehr in der Lage, sich selbst oder andere willentlich oder auch unbewusst zu verletzen! Der/die Friedfertige ist zweitens sanftmütig. Ja, sanft und mutig zugleich, denn er/sie lässt Angriffe einfach durch sich hindurchgehen, ohne dadurch verwundet zu werden! Drittens strahlt ein friedvoller Mensch diesen seinen Frieden in einer Weise in die Welt aus, dass andere in seiner Gegenwart aufhören zu streiten und sich auf sich selbst zu besinnen beginnen! Alles dieses wird durch diese Einweihung bei und in euch initiiert. Lasst euch davon ergreifen!

Stufe XII/10
Freude

Zu Beginn dieser Einweihung atmet bitte wieder dreimal tief ein und seufzend aus. So können Anteile nach Hause in die Seele gehen, die noch traurig waren, auch wenn ihr sie vielleicht gar nicht bemerkt habt.

Im weiteren Verlauf werden euch Energien übermittelt, die euch mit der Schwingung der Freude bis in eure Zellkerne hinein, bis in eure DNA hinein, durchfluten. Euer Herz öffnet sich weit für euch selbst und für alle Wesen, für die gesamte Schöpfung. Wenn ihr diese Herzöffnung noch unterstützen möchtet, legt euch einen Rosenquarz aufs Herzchakra und haltet ihn mit der linken Hand fest.

Eure Seele möchte sich euch jetzt zeigen, möchte sich mit eurem Ich vereinigen. Lauscht ihrer Stimme, nehmt ihre Werbung an, nehmt ihre Liebe zu euch an! Eure Seele ist immer für euch und nur für euch da gewesen, und sie ist es *jetzt* umso mehr! In der Schwingung der Freude möge euer Herz erbeben und sich öffnen für ihre Liebe!

Eure Seele ist das göttliche Wesen, das ihr selbst seid. Wenn ihr sie annehmt, nehmt ihr euch selbst an und bereitet euch für die Annahme eurer Meisterschaft. Nur noch drei weitere Tage, dann ist es soweit...

Stufe XII/11
All-Umfassende Liebe

Erneut beginnt bitte diese Energie-Übermittlung mit dem dreimaligen tiefen Einatmen und dem seufzenden Ausatmen! Dabei könnt ihr Anteile nach Hause gehen lassen, die noch im (Selbst-)Hass verweilten – auch wenn ihr diese nicht wahrgenommen hattet.

In dieser Einweihung kommen zwei kraftvolle Lichtstrahlen zur Wirkung: ein goldener, der durch euren Scheitel eintritt und euren Körper bis in die Zehen- und Fingerspitzen durchfließt, und ein rosafarbener, der in euren Brustraum eintritt und euer Herz weitet, das bei der letzten Einweihung ja schon endgültig geöffnet wurde. Auch hier könnt ihr wieder einen Rosenquarz zur Unterstützung verwenden. Durch diese beiden Strahlen – den goldenen und den rosafarbenen – wird die universelle göttliche Liebe neu in euch verankert. Es ist eine Liebe, die auf der Bewusstheit des All-Einen, der All-Einheit, beruht. Dies ist keine Angelegenheit von Kopf und Verstand mehr – ihr wisst, weil ihr es zutiefst spürt!

Wenn ihr diese Einweihung empfangen habt, seid ihr in der Lage, Heilströme von Liebe in die ganze Welt zu entsenden, überall dorthin, wo sie dringend gebraucht werden: in Krisen-, Kriegs- und Katastrophengebiete zum Beispiel oder in Gebiete, wo Armut, Mangel und Hunger auf der einen, Korruption, Raff- und Geldgier auf der anderen

Seite herrschen. Ihr könnt durch diese Heilströme sogar das Wetter und das Klima dahingehend beeinflussen, dass es sich zum Wohle aller Wesen auf der Erde entwickelt! Geht mit dieser Gabe verantwortungsvoll um, spielt auf keinen Fall damit herum! Ihr könnt euch auch zu mehreren Meister/innen zusammentun, euch zur Heilarbeit für die Erde verabreden und damit ein größeres Bewusstseinsfeld erschaffen, das noch mehr Heilung in die betroffenen Gebiete bzw. in das Klima bringt. Als Meister/innen seid ihr auch in der Lage, euch bei dieser Arbeit mit dem Bewusstseinsfeld der Großen Weißen Bruder- und Schwesternschaft zu verbinden und dieses dadurch auf die Erde zu bringen! Freut euch, fast seid ihr schon soweit!

Stufe XII/12
Rückkehr in die *Quelle*

Diese Einweihung – ihr ahnt es mit Sicherheit – ist etwas *ganz* Besonderes: eure „Weltpremiere", eure Heimkehr nach unzähligen Verkörperungen, nicht nur auf der Erde. Manche von euch kommen ursprünglich von den Plejaden und hatten Leben auf dem Planeten Nibiru[3], andere hatten Zeiten auf Planeten des Sirius, wieder andere lebten auf Planeten der Sonne Alpha Centauri, um nur die wichtigsten Sternen-Herkünfte zu nennen. Rückkehr in die *Quelle* bedeutet aber nicht die Rückkehr zu euren Ausgangs-Planeten, nein, es ist viel mehr: In eurer heutigen Verkörperung, so wie ihr *gerade jetzt seid*, kehrt ihr heim zu eurem Göttlichen Ursprung. Das bedeutet konkret, ihr kehrt heim in euer eigenes Innerstes Heiligtum!

Begeht daher diesen ganzen Tag als einen besonderen Festtag! Wenn ihr es ermöglichen könnt, nehmt euch mindestens zwei Stunden für ein „Date" mit euch selbst. Kleidet euch vielleicht ein wenig anders als sonst, ein bisschen „verrückt", wenn ihr mögt. Kauft euch vorab irgendetwas Besonderes – und wenn es auch nur etwas Kleines ist –, das ihr euch sonst nie gönnt. Verbringt die Zeit der Energie-Übermittlung anders als sonst: nicht in Meditation sitzend, sondern z.b. tanzend, zu einer Musik, die euch Spaß macht – es darf durchaus auch rocken... Oder geht hinaus in die Natur, an einen schönen Kraftort, und lasst euch dort inspirieren. Ihr werdet auf diese Weise Impulse erhalten, für die ihr noch nie zuvor offen wart!

Ich wünsche euch viel Freude!

Stufe XII/13
Geschafft! Einfach nur Freude!

Die letzte Einweihung in diesem Meister-Zyklus bringt euch Freude pur. Die Freude, die ihr schon anlässlich der Rückkehr in euer Innerstes Heiligtum erfahren habt, sie vertieft sich noch – ihr dürft jubeln! Legt euch eine fröhliche Musik auf, tanzt und seid ausgelassen – ihr habt es geschafft!

Liebe Meisterin, lieber Meister, du bist ab jetzt – so du es möchtest – als inkarnierter Mensch ein Mitglied der **Großen Weißen Bruder- und Schwesternschaft**! Wir freuen uns unermesslich über jeden einzelnen Menschen, der unsere Reihen verstärkt und unsere besonderen Energien auf der Erde verankern hilft!

Sei gewiss, dass du ab jetzt und in aller Zukunft jede nur erdenkliche Unterstützung durch uns erhalten wirst – in allen Lebensbereichen und Lebenslagen! Wir warten nur darauf, dass du unsere Hilfe anforderst, ja, du darfst sie anforderst, du hast ein Recht darauf! Du bist ein Leuchtfeuer des Göttlichen auf der Erde, wir sind stolz auf dich!

Nachbemerkungen zu den Einweihungen

Liebe Meisterin, lieber Meister, nun, da du es geschafft hast und Meister/in der Christus-Energie bist, möchtest du vielleicht gerne wissen, wie es weitergeht. Wir, die Große Weiße Bruder- und Schwesternschaft, möchten dir sagen: Du bist nach wie vor ein Mensch auf der Erde und es können immer noch Tage kommen, an denen du dich nicht so besonders wohl in deiner Haut fühlst, Tage, an denen du vielleicht sogar deine Meisterschaft in Zweifel ziehst. Der Grund: Wir haben im Verlaufe dieser Einweihungen mit dir zusammen Vieles, sehr Vieles auflösen und erlösen können, jedoch ist es uns vermutlich nicht gelungen, in dieser relativ kurzen Zeitspanne die Wirkung sämtlicher negativer Glaubenssätze aufzuheben, die aus deinem Unterbewusstsein heraus auf dein Leben wirken. Auch brauchen destruktive Gewohnheiten und Verhaltensmuster einen längeren Zeitraum zu ihrer endgültigen Auflösung, und neue, konstruktive Gewohnheiten und Verhaltensmuster brauchen Zeit, um zu deinen Standards zu werden. Hab also weiter Geduld mit dir selbst! Nach wie vor gilt: Unterdrücke „negative" Gefühle nicht, sondern erlaube ihnen dazusein. Erforsche deinen „Schatten" – er enthält unermessliche Schätze, die noch gehoben sein wollen! Dein Leben bleibt also spannend, ja, das Abenteuer fängt *jetzt* erst richtig an!

Viel Spaß dabei!

Deine Große Weiße Bruder- und Schwesternschaft
mit Sananda/Jesus Christus

Teil II
Arbeit mit der Christusenergie

Was ist die Christusenergie und wie wirkt sie?

Ihr habt nun erfahren, was mit und in euch geschieht, wenn euch Christusenergie der verschiedenen Grade und Stufen übermittelt wird. Habt ihr euch dabei vielleicht einmal gefragt, was das überhaupt *ist*, die Christusenergie? Ich möchte es euch kurz erklären:

Die Christusenergie ist ganz einfach die Energie der Quanten. Die Quanten aber sind, wiederum ganz einfach gesagt, die „GOTT-Teilchen". Sie entstehen spontan aus der Großen Leere, dem „Nichts", blitzen auf, kehren dorthin zurück, kommen wieder... Quanten sind Göttliche Bewusstheit, und ihre Energie besitzt die höchste Schwingungsfrequenz im gesamten Omniversum[4]. Damit ist die Christusenergie die Energie des Einheitsbewusstseins, das ja auch Christusbewusstsein genannt wird. Wenn ihr euch klarmacht, dass die Große Leere in allem ist, was ist, und dass die Quanten somit all-gegenwärtig und niemals getrennt sind, dann könnt ihr – mit dem Herzen und ansatzweise auch mit dem Verstand – begreifen, warum die Christusenergie die Energie ist, die vom Einheitsbewusstsein ausgeht.

In diesem neuen Zeitalter, das gerade heraufdämmert, ist die Christusenergie *die* Heilenergie, die der Schwingung der Erde und der Menschheit angemessen ist. Alle Heilenergien, die in Zeiten des alten Bewusstseins, in Zeiten niedrigerer Schwingungsfrequenz auf der Erde gut wirkten, verlieren derzeit ihre Kraft, da sie immer weniger in der Lage sind, Körper, Psyche und Geist der Menschen zu stimulieren. Warum? Eine Heilenergie muss deutlich höher schwingen als der Körper, auf den sie einwirkt! Die alten Heilenergien waren sehr gut verwendbar, als die Frequenz der Erde und der Menschen niedrig war, aber heute dürft ihr euch in Dankbarkeit von ihnen verabschieden.

Ein wichtiger Hinweis: Da die Quanten überall sind, also auch *in* euch und *in euren Körpern*, ist auch die Christusenergie schon immer in euch! Allerdings – solange ihr in euren alten, destruktiven Glaubens- und Handlungsmustern gefangen seid, schlummert die Christusenergie noch tief im Verborgenen. Sie braucht Stimulierung, sie braucht Aktivierung. Und wodurch kann die Christusenergie in euch aktiviert werden? Nur durch Christusenergie! Indem wir euch also Christusenergie übermitteln, indem *ihr* Christusenergie an Klienten oder Patienten übermittelt, stimuliert diese die Christusenergie in euch selbst bzw. in ihnen! Sie wirkt wie ein Weckruf auf alle Zellen eures physischen Körpers, auf euer Unterbewusstsein, auf euren Emotionalkörper und auch auf euren Mentalkörper. An der Stelle oder an den Stellen, wo ihr bereit seid, *jetzt* zu heilen, entstehen spontane Prozesse. Diese können zunächst relativ „unspektakulär" sein, z.B. kann sich ein innerlich verkrampfter Mensch, der ständig in seinem Grübel-Karussell gefangen ist, plötzlich gut entspannen. Sie können aber auch sehr auffällig sein, wie bei der Klientin von Ines, die innerhalb weniger Minuten kein Hohlkreuz mehr hatte.

Ein weiterer Effekt der Stimulierung der Christusenergie in euch ist, dass alte Negativität in euer Bewusstsein hochsteigt. Ein Beispiel: Glaubenssätze, die ihr verdrängt gehalten habt, die sich aber in destruktiver Weise auf euer Leben ausgewirkt haben, stehen euch mit einem Male klar vor Augen und ihr könnt ihre einengende Wirkung auch bewusst körperlich spüren. „Ich bin nicht gut genug" ist solch ein weit verbreiteter Glaubenssatz. Nun, es fühlt sich für euch zunächst einmal sehr, sehr unangenehm an, aber erinnert euch: Hier möchte einfach altes Ungleichgewicht nachhaltig heilen! Was ihr – als göttliche Wesen aus der *Quelle* – *wirklich* seid und was ihr durch traumatische Erfahrungen gelernt habt, von euch zu glauben, stand nicht im Einklang. Nun steht eine Frequenzerhöhung eurer Gedanken an, damit die ursprüngliche Harmonie wiederhergestellt wird. Das erfordert Arbeit mit und an eurem „Schatten", und auch hierbei wird die Christusenergie euch unterstützen! Mit ihrer Hilfe könnt ihr nämlich viel schneller und nachhaltiger solche alten Sätze durch neue, konstruktive – und damit adäquate – Affirmationen ersetzen und auf diese Weise heilend auf euer Leben und euer ganzes Sein einwirken.

Im Folgenden möchten wir euch einige Hilfen an die Hand geben, was eure künftige Arbeit mit Patienten oder Klienten betrifft – falls ihr euch für eine solche Arbeit entscheidet. Ansonsten könnt ihr diese Hinweise aber auch für eure eigene Selbstheilung nutzen.

Zielgerichtete Absichtslosigkeit

Viele von euch sind mit dem Begriff der *Absichtslosigkeit* vertraut, aber mal ganz ehrlich: Könnt ihr wirklich etwas damit anfangen? Und vor allen Dingen – seid ihr bereit und in der Lage, dies in der Praxis anzuwenden? Ich möchte euch zunächst einmal erklären, was wir unter „Absichtslosigkeit" verstehen:

Absichtslosigkeit bedeutet *nicht*, dass du kein Ziel hast oder haben solltest. Du kannst dir durchaus ein Ziel gesetzt haben, dieses aber in vollkommener Absichtslosigkeit verfolgen. Wie das? Ist das nicht ein totaler Widerspruch? Es ist eine Paradoxie, o ja – eine der zahlreichen göttlichen Paradoxien, die euer „alter" Verstand nicht erfassen kann. Wenn euer Verstand sich aber in den Dienst eures Herzens gestellt hat, dann kann er beginnen zu erfassen, was mit „Zielgerichteter Absichtslosigkeit" gemeint ist: Du fasst ein Ziel ins Auge und lässt es anschließend los! Was bedeutet das konkret? Nehmen wir ein Beispiel: Du hast ein Buch veröffentlicht und natürlich wünschst du dir, dass möglichst viele Menschen es kaufen und auch lesen. Dein Ziel ist also eine möglichst weite Verbreitung deines neuen „Kindes". Du tust eine Menge dafür, machst immer wieder Werbung, veranstaltest Lesungen... Aber du wirst irgendwann unweigerlich in einer Sackgasse landen, wenn du nicht zum rechten Zeitpunkt loslässt und dich ins Vertrauen begibst! Ja, Absichtslosigkeit hat *sehr* viel mit Loslassen und Vertrauen zu tun! Absichtslosigkeit ist das Gegenteil von Aktionismus und verbissenem Kampf. Absichtslosigkeit lässt unterwegs das Ziel los, ohne es aus dem Auge zu verlieren. Absichtslosigkeit weiß um die unermessliche Kraft des Quantenfeldes, die nur dann zum Zuge kommen kann, wenn du ihr vollkommen und unverkrampft vertraust. Absichtslosigkeit lässt zu, was aus diesem Feld heraus geschehen *will*, auch wenn der menschliche Verstand sich vielleicht etwas ganz anderes vorgestellt hat. Es kann durchaus passieren, dass du deinen ursprünglichen Wunsch dabei nicht erfüllt bekommst, dafür aber ein viel größeres Geschenk erhältst, das *jetzt* genau das richtige für dich ist!

Wie nun könnt ihr Zielgerichtete Absichtslosigkeit in der Arbeit mit euren Klienten/Patienten anwenden? Ist das nicht unmöglich? Die meisten Menschen kommen doch mit quälenden Symptomen oder Problemen zu euch – auf der körperlichen und/oder auf der psychischen Ebene – und sie erwarten, dass ihr ihnen „das wegmacht". Wenn ihr schon mit der Christusenergie arbeitet, dann sollt ihr gefälligst ein „Wunder" wirken, und das auf der Stelle und ein für allemal! Ihr Lieben, wenn ihr euch *darauf* einlasst, kommt ihr „in Teufels Küche"! Ihr lasst euch in diesem Falle nämlich von dem Ego der betreffenden Person dazu verleiten, dass ihr sie manipuliert! Ihr übernehmt den Anspruch ihres Egos, dass ihr „heilen" sollt – wo ihr doch lediglich dazu befugt seid, bei der Selbstheilung Unterstützung zu leisten. Wer einem anderen ein Symptom „wegmachen" will, der stellt sich unbewusst auf den Standpunkt, dass dieser Mensch grundlegend nicht in Ordnung sei und dass er ihn anders haben will, als er jetzt ist. Ein solcher „Heiler" ignoriert die Tatsache, dass jedes Symptom, so quälend es auch sei, ein Signal eures Körpers – damit auch eurer Seele – ist, ein Signal, das euch auf ein bestehendes Ungleichgewicht hinweisen möchte. Jedes Krankheitssymptom und auch jedes Problem ist ein Weckruf, und je stärker das Symptom, desto dringender dieser Ruf! Wenn ihr euch nun darauf einlasst, ein solches „störendes" Symptom einfach wegzukriegen, ohne euch um die tieferen Ursachen zu kümmern, dann kann es geschehen, dass dieses tatsächlich verschwindet, aber nur um an anderer Stelle mit derselben Heftigkeit erneut aufzutreten: Kopfschmerzen werden vielleicht zu Bauchkrämpfen oder umgekehrt.

Wie gehst du also vor, wenn du Zielgerichtete Absichtslosigkeit anwendest?

1. Du machst dir klar, dass dieser Mensch *immer* grundlegend in Ordnung ist, so wie er ist, und das sagst du ihm auch.
2. Du vergewisserst dich, dass er *wirklich* Heilung wünscht und nicht nur sein Ego. Frage den Patienten eindringlich, ob er heilen will, lass ihn dabei tief in sich selbst hinein spüren! Er/sie wird zunächst wahrscheinlich laut rufen: „Ja, natürlich!", aber sei dir sicher, er wird leise und nachdenklich, wenn du die Frage wiederholst: „Willst du wirklich-wirklich?"
3. Bei den meisten Patienten/Klienten werden sich mehr oder weniger starke innere Widerstände herauskristallisieren; deine Aufgabe ist es, ihnen bei der Erkenntnis dieser Tatsache zu helfen. Menschen können in mannigfacher Hinsicht von ihren Krankheiten oder Problemen „profitieren". Wenn du siehst oder spürst, dass

dies bei dem betreffenden Menschen der Fall ist, dann verwende viel Sorgfalt darauf, ihm oder ihr das bewusst werden zu lassen. Hilf ihm mit Fragen auf die Sprünge, damit er die Antworten selbst finden kann.

4. Wenn du erkennst – im günstigsten Falle erkennt der Betreffende es auch selbst –, dass ein Mensch gar nicht heilen *will*, weil die Vorteile, die sein Ego aus der Krankheit oder dem Problem zieht, im Vordergrund stehen, dann bist du verpflichtet, ihm zu sagen, dass du nicht das Recht hast, ihm Energie zu übermitteln. Diesen Menschen musst du nach Hause schicken. Du musst ihn in die Freiheit seines selbstgewählten Weges entlassen.

5. Wenn du aber siehst, dass Heilung gewünscht wird und daher auch möglich ist, dann erkläre dem Klienten das Folgende: Die Christusenergie wird seinen Körper bzw. sein Energiefeld genau an *der* Stelle ins Gleichgewicht bringen, wo er/es zur Heilwerdung bereit ist. Das kann bedeuten, dass jemand mit Magenbeschwerden zu dir kommt und dich mit einer zündenden Idee verlässt, wie er beginnen kann, seine kriselnde Ehe in eine liebevollere Beziehung zu verwandeln. Es kann aber durchaus auch bedeuten, dass an der gewünschten Stelle seines Körpers eine Linderung oder sogar eine komplette Spontanheilung eintritt.

6. Zielgerichtete Absichtslosigkeit einzusetzen, bedeutet für dich als Therapeut/in, dass du einerseits das Symptom oder Problem im Auge behältst, das diesen Menschen zu dir geführt hat, andererseits aber bewusst die Erlaubnis gibst, dass die Christusenergie genau *dort* zu wirken beginnt, wo es *jetzt* richtig ist. Optimalerweise verhält sich der Klient/Patient in seiner Erwartung

ebenso: Er rechnet nicht mit einem *bestimmten* konkreten Ergebnis, sondern mit dem *besten*!

Du möchtest jetzt vielleicht erfahren, warum Zielgerichtete Absichtslosigkeit bei der Arbeit mit der Christusenergie so wichtig ist? Nun, es ist eine Grundeigenschaft der Quanten, dass sie sowohl zielgerichtet als auch absichtslos wirken! In ihrer Eigenschaft als Partikel wirken sie zielgerichtet, in ihrer Eigenschaft als Wellen absichtslos. Das ist unverständlich? Genau! Lasse deinen Verstand hierbei komplett beiseite und erlaube dieser Information einfach, auf dich zu wirken. Zielgerichtete Partikel, absichtslose Wellen – das sind die Quanten. Um die Verwirrung deines Verstandes komplett zu machen, kannst du diese Aussage selbstverständlich auch umkehren: Zielgerichtete Wellen, absichtslose Partikel – das sind die Quanten... Freu dich dran, an dieser Göttlichen Paradoxie!

Wenn du nun versuchst, der Christusenergie bzw. den Quanten ein Ziel vorzuschreiben, ohne zugleich in die vollkommene Absichtslosigkeit zu gehen, dann marschierst du an ihrer grundlegenden Natur vorbei und das Ergebnis wird dich und deinen Klienten frustrieren: Es wird nämlich in aller Regel nicht euren Zielvorstellungen entsprechen... Nun wendest du vielleicht ein, dass in der Vergangenheit schon zahlreiche Menschen zielgerichtet mit der Christusenergie gearbeitet hätten. Ja... solange sie „nur" mit dem I. Grad der Einweihungen ausgestattet waren, mag das teilweise zutreffen. Sobald aber die weiteren Grade ins Spiel kommen, die in der Neuen Zeit erworben werden können, kommt unweigerlich die Absichtslosigkeit hinzu. Ich behaupte nicht, dass du deinen Klienten einen

Schaden zufügen könntest, wenn du die Absichtslosigkeit nicht berücksichtigst – die Christusenergie wird *niemals* schädlich wirken. Aber auf diese Weise wirst du deiner eigenen wahren Aufgabe nicht gerecht werden, und das könnte von Nachteil für dich selbst sein. Warum? Weil du das Prinzip der Achtsamkeit vernachlässigt hast und dich damit in eine emotionale „Schieflage" gebracht hast. Hierzu brauchst du eine nähere Erklärung? Nun, was haben Zielgerichtete Absichtslosigkeit und Achtsamkeit miteinander zu tun? Spüre einmal tief hinein und lasse deinen Verstand wirklich ganz außen vor! Es ist schwer in Sprache zu fassen, nicht wahr? Achtsamkeit zu praktizieren ist *der* Weg, um die Göttlichen Paradoxien adäquat, und das heißt, intuitiv, zu erfassen. Und warum gerätst du in eine emotionale Schieflage, wenn du das Prinzip der Achtsamkeit vernachlässigst? Das kannst du sogar mit dem Verstand begreifen: Wenn du nämlich achtsam bist, hast du dich in die Position des neutralen Beobachters begeben, also sozusagen „eine Etage höher" als die Ebene deines Alltagsbewusstseins. Bleibst du aber in diesem Alltagsbewusstsein, dann bleibst du auch deinen „ganz normalen" Emotionen unterworfen, die dich nach Belieben hin- und herwerfen, dich mal jauchzend, mal frustriert, mal zutiefst niedergeschlagen sein lassen – je nach äußerem Anlass. Entsprechend re-agierst du dann auch auf das Ergebnis der Behandlung deiner Klienten mit der Christusenergie! Hast du jedoch die Achtsamkeit angewendet und damit auch die Zielgerichtete Absichtslosigkeit, dann hast du frei *agiert* und wirst *jegliches* Ergebnis frei begrüßen – auch wenn es „gar keines" gibt. Ja, „gar kein" Ergebnis ist natürlich *auch* ein Ergebnis, und es kann zweierlei zum Inhalt haben: Entweder ist der Klient nicht zur Veränderung bereit, oder aber eine Veränderung ist zum gegenwärtigen Zeitpunkt nicht angesagt.

Inwiefern, höre ich dich jetzt fragen, ist denn Zielgerichtete Absichtslosigkeit gleichbedeutend mit freiem Agieren? Bedeutet nicht „Absichtslosigkeit" die Abwesenheit von Aktion? Ich möchte dich einladen, noch ein Stückchen tiefer in die Göttliche Paradoxie einzutreten! Aus *dieser* Sicht ist Absichtslosigkeit ganz genau gleichbedeutend mit freier Aktion. Warum? Freie Aktion beruht auf freier Wahl, und freie Wahl beruht auf Achtsamkeit und auf dem Bewusstsein deiner eigenen Göttlichen Präsenz. Deine eigene Göttliche Präsenz aber *ist* Zielgerichtete Absichtslosigkeit... Zu schwierig? Lasse deinen Verstand los – auch dein höherer Verstand, der bereit ist, deiner Seele zu dienen, kommt hier nicht mehr so ganz mit. Das ist vollkommen in Ordnung so!

Was bedeutet Zielgerichtete Absichtslosigkeit für deine Beziehung zu deinen Klienten oder Patienten? Durch die Zielgerichtete Absichtslosigkeit wird diese zu einer Beziehung zwischen zwei freien und gleichen Wesen, zu einer Beziehung auf Augenhöhe. Warum? Es ist dies eine Beziehung, die auf dem gegenseitigen *Respekt* beruht! Du als Therapeut/in respektierst dein Gegenüber voll und ganz in seinem SoSein; du suggerierst ihm/ihr nicht, dass etwas mit ihm/ihr „nicht stimme". Da ist nichts, was du zuvor „wegmachen" müsstest, damit dieser Mensch gleichberechtigt neben dir stehen kann. Nur unter dieser Voraussetzung kann überhaupt die Christusenergie frei fließen! Im Gegenzug wird auch dein Klient/Patient *dich* in deinem SoSein respektieren. Eine derartige Beziehung ist erst in der Neuen Energie wirklich möglich. Sie ist ein großes Geschenk, das ihr euch gegenseitig macht.

Der aufrechte Gang

Freie Menschen gehen und stehen aufrecht. Sie recken ihre Krone in den Himmel und verwurzeln sich tief in der Erde. Wenn ihr mit der Christusenergie arbeitet, unterstützt ihr eure Klienten und Patienten dabei, freie Menschen zu werden, denen der aufrechte Gang eine ganz natürliche Angelegenheit ist. Selbstverständlich praktiziert ihr ihn auch selbst!

Der aufrechte Gang öffnet euer Herz. Ihr nehmt die Schultern zurück und euer Brustkorb weitet sich. Damit verändert sich auch eure Selbstwahrnehmung: Gefühle von Enge, Angst und Beklemmung wandeln sich in Gefühle von Weite, Freude und Begeisterung.

Wie könnt ihr die Christusenergie in diesem Prozess unterstützend einsetzen? Zunächst einmal: Ihr könnt einem Menschen mithilfe der Christusenergie bei der grundlegenden Aufrichtung seiner Wirbelsäule helfen. Es gibt einige Heiler/innen, denen ich schon vor ein paar Jahren Anleitungen hierzu gegeben habe.[5] Hier, in diesem neuen Zusammenhang, teile ich euch eine noch viel einfachere Methode mit, die auf der Basis der inzwischen auf der Erde erreichten Schwingung von jedem Menschen reinen Herzens angewendet werden kann. Was ist das aber, ein „Mensch reinen Herzens"? Oh, das ist sehr einfach zu verstehen: Ein Mensch reinen Herzens ist ein Wesen, das den XII. Einweihungs-Grad absolviert hat und in vollkommener, zielgerichteter Absichtslosigkeit arbeitet!

Vielleicht fragt ihr nun, warum ich den XII. Grad in der Christusenergie als Voraussetzung nenne – möglicherweise kennt ihr ja einen Mann oder eine Frau, der/die diesen Grad (noch) nicht innehat und dennoch in großer Reinheit strahlt. Es verhält sich folgendermaßen: Entweder dieser Mensch hat den XII. Grad schon mit auf die Erde gebracht, weil er ihn vorab schon erworben hatte – nicht auf der Erde, sondern in anderen Bereichen. Dann handelt es sich um einen Avatar. Oder aber dieser Mensch ist allen seinen Anlagen nach sehr klar und rein, braucht aber dennoch die höheren Einweihungen in die Christusenergie, weil er oder sie noch alte Muster aufzulösen hat, nicht völlig frei von Karma und Fremdenergien ist, also insgesamt noch Befreiung von restlichen „Altlasten" benötigt.

Und warum verbinden wir die „Zielgerichtete Absichtslosigkeit" mit der Reinheit des Herzens? Nun, wer in zielgerichteter Absichtslosigkeit heilerisch tätig ist, der oder die hat alle alten Spiele von Machtmissbrauch und Manipulation, auf welcher Ebene auch immer, hinter sich gelassen! Insbesondere hat sich dieser Mensch von jeglichem Eingriff auf *energetischer* Ebene gelöst. Es gibt derzeit leider noch sehr viele Heilerinnen und Heiler, die diese letztere Voraussetzung *nicht* erfüllen. Sie „wollen helfen", indem sie dem Ego ihres Klienten oder Patienten seine Wünsche nach Ausschaltung seiner Symptome erfüllen. Mit anderen Worten, *sie* „wollen" heilen, anstatt dass sie den betreffenden Menschen dabei unterstützen, Selbstheilung zu erlauben und geschehen zu lassen. Ein solches „Heilen" beinhaltet aber erstens, dass der Therapeut den Patienten als grundlegend „krank" ansieht, und zweitens, dass er oder sie in den Energiehaushalt des Patienten von außen eingreift und diesen manipuliert. Da nützt aller

„guter Wille" nichts – ein solcher „Heiler" wird von seinem eigenen Ego gesteuert, von seinem alten, kleinen Verstand, und er ist sich seiner wahren Motivation, nämlich Macht auszuüben, noch nicht einmal bewusst!

Diese Vorbemerkungen waren notwendig, damit ihr klar seht, wer nach der folgenden Anleitung in der Lage ist, Klienten oder Patienten bei der Aufrichtung ihrer Wirbelsäule zu unterstützen! Hier nun die Anleitung, die wirklich denkbar einfach ist:

1. Verbinde dich mit der Kraft des Quantenfeldes *in* dir.
2. Verbinde dich mit der Kraft des Quantenfeldes in deinem Klienten.
3. Sprich das Ziel aus: „Aufrichtung der Wirbelsäule bei X".
4. Lasse innerlich los und lasse es geschehen.

Es *wird* geschehen, sobald dieser Mensch wirklich bereit ist, und zwar entweder auf der Stelle oder zu einem späteren Zeitpunkt!

Des Weiteren: Der aufrechte Gang ist eine äußere Haltung, der eine *innere* Haltung entspricht. Die Christusenergie hilft dir und deinen Klienten, diese innere Haltung einzunehmen und auch bei ihr zu bleiben. Was kennzeichnet aber diese Haltung? Wir sprachen schon von Gefühlen der Weite, der Freude und der Begeisterung, die damit verbunden sind. Wenn du innerlich aufgerichtet bist, dann bist du dir deiner eigenen *Würde* bewusst. Du respektierst dich selbst, weil du dich in deiner wahren Meisterschaft kennst. Du fühlst dich genährt von deiner eigenen Essenz, deiner Seele, und du weißt, dass du der König, die Königin in deinem eigenen Leben bist. Das ruft eine tiefe Freude in dir hervor. Eine solche Haltung will allerdings eingeübt sein; bevor du sie in jedem Augenblick einnehmen kannst, ist es notwendig, dass du einen längeren Prozess durchläufst. Wie kannst du diesen Prozess bei dir und bei anderen in Gang setzen? Vorausgesetzt ist wiederum, dass du ein Mensch reinen Herzens im oben beschriebenen Sinne bist, denn erneut kommt hier die Zielgerichtete Absichtslosigkeit ins Spiel:

Nachdem du Verbindung mit der Energie des Quantenfeldes in dir und in deinem Klienten aufgenommen hast, visualisierst du eine Krone über deinem/seinem Haupt.[6] Du lässt diese Krone so real und so deutlich werden, wie du nur kannst. Anschließend lässt du die Vorstellung los, indem du deine Aufmerksamkeit auf dein eigenes Innere, am besten auf dein Herz, lenkst. Lasse dabei deinen Atem für eine ganze Weile weich fließen, ohne ihn zu forcieren. Auf diesem Wege werden sich dein/sein Mentalkörper, der Emotionalkörper und schließlich auch der physische Körper ganz neu ausrichten. Dieser Vorgang kann in den nachfolgenden Wochen oder auch Monaten bei Bedarf noch mehrfach wiederholt werden.

Und zum Dritten: Die Synchronisierung von innerer und äußerer Haltung geschieht zwar normalerweise von selbst – wenn der physische Körper sich gerade hält, fühlen sich auch Emotionalkörper und Mentalkörper wohl – aber in manchen Fällen verbessert sich diese Synchronisierung noch, wenn die Unterstützung durch die Christusenergie hinzukommt. Das trifft zu, wenn sich ein Mensch in einem besonders starken psychischen Ungleichgewicht befindet und spontan immer wieder neu „in sich zusammenfällt". Dann kannst du wie folgt vorgehen:

1. Du nimmst Verbindung mit dem Quantenfeld in dir und in deinem Klienten auf.

2. Du erlaubst der Christusenergie, durch ihn *und* durch dich hindurchzufließen, bis die Schwingung des Klienten sich der deinen angeglichen hat.

Hierbei ist deine Intuition gefragt – du wirst es spüren und der Klient wird dir Wohlbefinden signalisieren. Wichtig ist nur, dass du die Schwingungserhöhung beim Klienten zwar als Ziel anvisierst, dieses dann aber wieder loslässt. Nach Abschluss dieser Übung stimulierst du erneut die aufrechte innere Haltung deines Klienten in der weiter oben beschriebenen Weise.

Wir von der Großen Weißen Bruder- und Schwesternschaft wünschen uns sehnlichst, dass mit der Zeit der aufrechte Gang bei *allen* Menschen ankommt!

Zur Heilung von Krebserkrankungen

Dieses Thema scheint jetzt abrupt und für manchen Leser überraschend aufzutauchen. In Wahrheit aber ergibt es sich ganz zwanglos aus dem vorherigen: Aus unserer Sicht hängt nämlich jegliche Krebserkrankung ganz genau mit einem tiefgreifenden Verlust des „aufrechten Ganges" zusammen! Wir möchten das gerne näher erläutern:

Wie wir ausführten, hat euer aufrechter Gang mit einer ganz besonderen Selbstwahrnehmung zu tun. Wenn ihr aufgerichtet steht und geht, erfahrt ihr eine innere Weite; ihr nehmt euch als *die* wahr, die ihr wirklich seid, nämlich als die Könige und Königinnen in eurem eigenen Leben. Eine Krebserkrankung entsteht aber *immer* auf der Grundlage einer stark gestörten Selbstwahrnehmung! Es ist wahr, jegliche Erkrankung des Körpers, des Geistes oder der Seele beruht auf einem Ungleichgewicht und somit auf einer gestörten Selbstwahrnehmung. Bei einer Erkrankung aber, die zum physischen Tode führen kann, ist das zugrundeliegende Ungleichgewicht besonders stark ausgeprägt. Das bedeutet konkret, dass der betroffene Mensch in seiner Selbstwahrnehmung ganz besonders stark eingeschränkt ist. Das Ungleichgewicht, in dem er sich befindet, besteht genau in dieser eingeschränkten Selbstwahrnehmung! Wie meinen wir das? Nun, jeder Mensch, der noch nicht vollständig erwacht ist, befindet sich in einem mehr oder weniger stark ausgeprägten Trennungsbewusstsein. Er/sie fühlt sich von der Göttlichen Quelle, die ja *auch* in seinem Inneren entspringt und fließt, abgeschnitten. Er/sie erlebt sich auch als getrennt von allen anderen Menschen, von allen übrigen Wesen auf der Erde und im Omniversum, getrennt von Himmel und Erde überhaupt. Dementsprechend nimmt er/sie sich nicht als Wesen aus der Quelle wahr, das mit allem, was ist, und mit allen Wesen zutiefst und untrennbar verbunden ist, sondern als vereinzeltes Individuum, das einsam, hilflos und verletzt ist. Dies ist die Essenz der bisherigen menschlichen Erfahrung, die von euch und von Gott auch so gewollt war.

Menschen nun, die an einem Krebs erkranken, fühlen sich innerlich – meist ohne sich dessen überhaupt bewusst zu sein – ganz besonders stark getrennt. Warum? Sie haben in vergangenen Leben und oftmals auch noch in ihrer diesmaligen Kindheit besonders starke Verletzungen erlebt. „Opfer"-Bewusstsein also auf der einen Seite, Erfahrungen als „Täter" und somit verborgene Schuldgefühle auf der anderen.

Ihr braucht nun mit solchen Menschen keine traditionelle Reinkarnationstherapie mehr anzustellen. Es genügt als Hilfe zur Selbstheilung ein grundlegendes Bewusstsein, dass solche Traumata vorhanden sind und dass deren Existenz angenommen werden sollte. Des Weiteren ist die Erkenntnis von Nutzen, dass in den traumatischen „Täter"- oder „Opfer"-Erfahrungen der Vergangenheit zahlreiche Seelenanteile abgespalten wurden, die Träger von starkem Schmerz und zahlreichen „negativen" Emotionen sind. Diese Seelenanteile dürfen nun heimkehren, mit anderen Worten, wieder in die Seele integriert werden.

Wie kannst du hierbei die Christusenergie einsetzen? Zunächst einmal arbeitest du zusammen mit deinem Patienten das Grundthema seiner Erkrankung heraus, das immer im Zusammenhang mit der Funktion des betroffenen Organs oder Körperteils steht. In dem Buch „Das Heilwissen der Bäume und die Botschaft vom Wind"[7] haben die Bäume bezüglich einiger häufiger Krebserkrankungen schon manches hierzu gesagt. Sie empfehlen zur Bearbeitung dieser Themen den Weichen Atem, und das finden wir vollkommen angemessen und auch sehr wichtig. Zusätzlich kannst du aber noch mit der Christusenergie arbeiten: Du kannst sie entweder in das betroffene Organ bzw. den betroffenen Körperteil schicken oder aber auf der psychischen Ebene zu den betreffenden verletzten Seelenanteilen. Wenn du willst, kannst du – mit dem Einverständnis des Patienten – auch beides kombinieren. Selbstverständlich gehst du auch hier wieder mit der Methode der Zielgerichteten Absichtslosigkeit vor! Das bedeutet, dass du zunächst die Absicht aussprichst und dann vollkommen loslässt. Es kann in der Folge sein, dass der Patient zunächst einmal die Energie an einer ganz anderen Stelle wahrnimmt. Alles ist möglich, alles ist gut in diesem Zusammenhang – eine spontane „Wunderheilung" ebenso wie eine momentane und vorübergehende seelische Erleichterung. Alles hängt davon ab, wie stark der Selbstheilungswille deines Patienten tatsächlich ist, wie stark sein Selbstvertrauen, und wie gut er/sie selbst loslassen kann. In aller Regel werden mehrere oder auch eine ganze Reihe von Sitzungen vonnöten sein, denn das Selbstvertrauen und das Vermögen loszulassen ist normalerweise aufgrund der starken Traumatisierung bei solchen Menschen besonders gering. Wir sagen auch ausdrücklich *nicht*, dass der Einsatz der Christusenergie ein Ersatz für schulmedizinische Maßnahmen sei. Vielmehr können, wie auch die Bäume in dem genannten Buch schon sagten, Operation/

Chemotherapie/Bestrahlungen sehr notwendig sein, um zunächst einmal das Leben dieses Menschen zu retten bzw. zu verlängern. Erst dann steht ihm überhaupt die Zeit zur Verfügung für einen tieferen Bewusstwerdungs-Prozess und für die heilende Einwirkung der Christusenergie.

Macht euch keine Vorwürfe, wenn ihr in manchen Fällen *nichts* bewirken könnt! Manche Seelen haben sich diese Erkrankung einfach darum erschaffen, weil sie gehen wollen. Es kann z.b. vorkommen, dass ein Mann oder eine Frau dem kürzlich verstorbenen Ehepartner bald nachfolgen will oder eine Mutter einem früh verstorbenen Kind. In anderen Fällen ist einfach die vom Seelenplan her vorgesehene Lebenszeit abgelaufen. Manchmal auch steckt der Mensch von seiner Bewusstseinsentwicklung her in einer Sackgasse und die Seele sieht keine andere Lösung als zu gehen und später eine neue Chance wahrzunehmen. Ihr seht also, es gibt eine Reihe von Gründen, warum eine Heilung sozusagen „nicht erwünscht" ist, auch wenn subjektiv, vom Ego her, nach Heilung verlangt wird. Wenn es euch bei der Begleitung eines solchen Menschen gelingt, mit ihm zusammen den tieferen Grund für seinen unvermeidlichen Tod zu entdecken, ist für euch *beide* sehr viel gewonnen. Weigert sich dieser Mensch aber instinktiv, diesen Grund anzuschauen, dann lasst ihm seine Wahl!

Im folgenden Kapitel möchten wir über die Handauflegung sprechen, von der bisher noch nicht die Rede war, die aber auch bei Krebserkrankungen zusätzlich sehr gut eingesetzt werden kann.

Die Handauflegung

Nun also zum Thema „Hand auflegen" bei der Anwendung der Christusenergie. Es gibt einiges dazu zu sagen! Ihr alle wisst, dass ich, Sananda, häufig Kranken die Hände aufgelegt habe, als ich in der Gestalt des Jesus von Nazareth auf Erden wirkte. Seither – und auch natürlich *vor* mir – haben dies viele Heilerinnen und Heiler getan. In der heutigen Zeit üben es unter anderem die Reiki-Kundigen in verschiedenen Formen regelmäßig aus. Warum ist die Handauflegung so wirksam? Nun, die menschliche Hand kann den eigenen Körper und den Körper eines anderen Menschen mühelos an jeder beliebigen Stelle berühren. Das klingt vielleicht „banal" und selbstverständlich, ist es aber nicht. Ihr nehmt leider all die Wunderdinge, die die menschliche Hand kann, für *viel* zu selbstverständlich! Und weiter: Wenn die Christusenergie euren Körper durchfließt – und das tut sie, wenn ihr mit ihr arbeitet –, dann durchströmt sie ganz besonders stark eure Hände und Füße. Nicht umsonst spürt ihr die Energie dort so besonders deutlich. Legt ihr dabei also euch selbst oder anderen die Hände auf, dann fließt die heilende Christusenergie an dieser Stelle in den Körper ein und kann dort Prozesse auslösen – vorausgesetzt, der echte Heilungswille ist bei dem betreffenden Menschen vorhanden.

Ihr möchtet nun vielleicht wissen, was den Unterschied zwischen der Übermittlung der Christusenergie ohne und mit Handauflegung ausmacht. Zunächst aber die Gemeinsamkeit: Auch beim Handauflegen ist die Zielgerichtete Absichtslosigkeit erforderlich! Du legst deine Hand – oder beide Hände – auf, formulierst in Gedanken oder laut ausgesprochen dein Ziel und lässt anschließend vollständig los. Der Unterschied? Erstens einmal, wieder ganz „banal": Einem Menschen direkt die Hand auflegen kannst du nur, wenn er sich im selben Raum mit dir befindet. Zur Fernbehandlung setzt du also die Christusenergie ohne Berührung ein. Allerdings kannst du in diesem Falle auch, nach Vereinbarung mit deinem Klienten, eine Puppe als „Stellvertreter" verwenden, der du an entsprechender Stelle die Hand auflegst. Auch sind manche HeilerInnen in der Lage, den Körper und/oder das Energiefeld ihres Patienten wahrzunehmen und mit ihren Händen auf feinstofflicher Ebene daran zu arbeiten. Der entscheidende Unterschied aber zwischen den beiden grundlegenden Behandlungsformen ist dieser: Die Energieübermittlung *ohne* Handauflegung ist „unspezifisch", wie eure Ärzte sagen würden. Mit anderen Worten, in diesem Falle findet die Christusenergie eigenständig ihren Weg zu genau *der* Stelle im Körper –, oder im Energiefeld oder in der Lebenssituation des Klienten – wo sie gerade jetzt am dringendsten gebraucht wird und wo der Mensch auch wirklich zu heilen bereit ist. Die Handauflegung hingegen erreicht den physischen und den Energiekörper eben an der Stelle, wo die Hand gerade liegt. Dort kann sie dann zu wirken beginnen, oder eben auch *nicht*, je nachdem, wie es um den Heilungswillen bestellt ist. Übrigens – wieder so eine Selbstverständlichkeit – einer Lebenssituation kannst du nicht die Hände auflegen, wohl aber kannst du die Christusenergie auf dem Wege der Energieübermittlung dort hinein schicken...

Und nun ein paar praktische Hinweise zur Handauflegung. Ihr braucht keine komplizierten Techniken! Ich liste euch hier nur ein paar Möglichkeiten auf, wie ihr eure Hand oder Hände einsetzen könnt, und sage ein paar Worte zu jeder von ihnen. Zunächst einmal: Ihr könnt nur *eine* Hand auf die betreffende Stelle auflegen, und hier entweder die rechte oder die linke. Wenn ihr die rechte Hand auflegt, wird vorwiegend „männliche" Energie übermittelt. Das bedeutet, dass dies eine „aktive" Energie ist, die auf die Stelle einwirkt und gezielt Heilungsprozesse in Gang setzt. Verwendet ihr hingegen eure linke Hand, so kommt vorwiegend „weibliche" Energie zum Einsatz. Diese ist „passiv", das heißt, sie *lässt geschehen*, was der Körper möchte. Keine der beiden ist „besser" oder „schlechter" als die andere. Die HeilerIn entscheidet nach eigener Intuition, welche Hand gerade jetzt in diesem konkreten Augenblick gebraucht wird.

Zum Zweiten: Ihr könnt *beide* Hände zugleich auflegen, und zwar entweder nebeneinander oder übereinander. Im letzteren Fall gibt es noch einmal zwei Alternativen. Erstens: die rechte Hand bedeckt die linke, zweitens: die linke Hand bedeckt die rechte. Wenn beide Hände nebeneinander aufgelegt werden, wirken die „männliche" und die „weibliche" Christusenergie zu gleichen Teilen miteinander. Bedeckt die rechte Hand die linke, dann dominiert die obere Hand, also wirkt die „männliche" Energie stärker ein. Bedeckt die linke Hand die rechte, dann wirkt sich das „weibliche" Geschehenlassen deutlicher aus. Folgt auch hier wieder ganz eurer Intuition. Es kann sich auch ergeben, dass ihr die Anwendungsart während einer Sitzung mehrmals wechselt.

Drittens habt ihr noch die Möglichkeit, das rechte über das linke Handgelenk zu legen oder das linke über das rechte und auf diese Weise beide Hände auf den Körper zu bringen. Hier dominiert die untere Hand. Die Methode ist besonders wirksam bei Krebserkrankungen, für die Selbstbehandlung aber nicht an allen Körperstellen praktikabel.

In welchen Fällen empfehlen wir die Handauflegung? Ein wichtiger Bereich sind akute und chronische Entzündungen. Hier „kämpft" der Körper gegen „Eindringlinge". Die Christusenergie unterstützt ihn dabei, diese unschädlich zu machen. Bei akuten Entzündungen kann eine sofortige Linderung der Symptome erreicht werden. Sind die Beschwerden chronisch, wird häufig eine wiederholte Anwendung anzuraten sein, kombiniert mit der nicht-physischen Energieübermittlung.

Auch Wunden heilen schneller durch Handauflegung. Gegebenenfalls legt ihr die Hand oder Hände nicht direkt auf, sondern haltet sie in etwa 1 Zentimeter Höhe über die Wunde. Narben können ebenfalls günstig beeinflusst werden, im optimalen Falle sogar verschwinden.

Weiterhin: Legt die Hände auf bei rheumatischen Beschwerden, Polyarthritis, auch Arthrose und „Hexenschuss".

Bei Krebserkrankungen: Handauflegung an der Stelle, wo der primäre Tumor sitzt (oder, nach Operation, saß), sowie gegebenenfalls an den Stellen, wo er metastasiert. Hier auch *immer* die nicht-physische Form der Energieübermittlung parallel einsetzen!

Bei psychischen Erkrankungen legt ihr die eine Hand auf den Kopf (Kronenchakra) des Klienten und die andere auf sein Herzchakra, denn hier sind Geist und Psyche zu gleichen Teilen involviert. Lasst die Hände in diesem Falle für mindestens eine Viertelstunde dort liegen. In den anderen Fällen entscheidet ihr nach Intuition, wie lange eure Hände auf der erkrankten Stelle verweilen.

Nun noch ein paar Worte zu meinem historischen Wirken als Heiler: Wie ihr wisst, sagte ich häufig zu den geheilten Menschen: „Dein Glaube hat dir geholfen." Was im Deutschen meist mit „Glaube" übersetzt worden ist, meint eigentlich genauer „Vertrauen", und noch genauer, „Selbstvertrauen". Es ging *nicht* um den Glauben dieses Menschen an *mich* und meine Eigenschaft als vermeintlich „einziger Gottessohn" – es ging um das Selbstvertrauen dieses Menschen! Dies wurde schon damals und wird bis heute immer wieder missverstanden. Jesus Christus als der „einzige Heiler", „Wundertäter" und „stellvertretende Erlöser" – bitte, entlasst mich aus dieser Rolle und nehmt eure eigene Göttlichkeit an! Wenn *ich* die Hände auflegte, wenn *ich* die Christusenergie einsetzte, dann passierte *nichts anderes* als wenn *ihr* dies heute tut!

Über einige „Volkskrankheiten"

Wir von der Großen Weißen Bruder- und Schwesternschaft möchten nun erläutern, wie die Christusenergie bei
einigen besonders häufigen „Volkskrankheiten" eingesetzt
werden kann. Dies wird ein etwas längeres Kapitel, da wir
auf die spirituellen Hintergründe der einzelnen Erkrankungen grundlegend eingehen wollen.[8]
Wir beginnen mit der **Adipositas/Fettleibigkeit** auf der
einen Seite und der **Magersucht** auf der anderen. Unter
Fettleibigkeit verstehen wir ein wirklich und im wahrsten
Sinne des Wortes schwer wiegendes Übergewicht, nicht
die „paar Kilo zuviel" der Molligen. Diese Fettleibigkeit ist
aber in der Tat eine Erkrankung – worunter wir verstehen,
dass ein starkes Ungleichgewicht im Körper-Seele-Geist-
System dieses Menschen existiert. Fettleibigkeit kann auf
einer angeborenen hormonellen Störung beruhen, aber
auch auf einer „ausgewachsenen" Ess-Sucht. Was zugrun-
deliegt, ist in beiden Fällen dasselbe: Im tiefsten Unbewussten hat der Mensch ganz einfach Angst zu verhun-
gern! Es ist Todesangst, unbewusste Todesangst, die den
Körper dazu veranlasst, Fettdepot um Fettdepot „für
schlechte Zeiten" anzulegen! Häufig ist der betreffende
Mensch in einem oder mehreren früheren Leben tatsächlich verhungert, in anderen Fällen liegt die Ursache auf
der energetischen Ebene: Die Person vermisst Liebesener-
gie und versucht, auch wieder unbewusst, sich diese auf
dem Wege über die Nahrung zu holen.

Auch die Magersucht geht mit einer massiven Ess-Störung einher, aber hier liegen die Ursachen woanders. Es geht nicht wirklich um den heutigen Schlankheitswahn, das ist nur der vorgeschobene Grund für das lebensgefährliche Nicht-Ess-Verhalten. In Wahrheit dominieren bei den betroffenen Personen Seelenanteile, die gar nicht in dieser Erden-Inkarnation sein wollen. Dieser Mensch will sterben!

Wie arbeitest du als HeilerIn mit solchen Menschen? Zunächst einmal sollte es dein Bestreben sein, ihnen ihre zugrundeliegende, aber unbewusste Motivation nahezubringen. Ohne diese Selbsterkenntnis kann nämlich der Heilungswille nicht geweckt werden. Ist diese Voraussetzung erfüllt, kannst du mit dem Einsatz der Christusenergie beginnen. Besonders wichtig ist es hier, dein *Ziel* in der angemessenen Weise zu formulieren! Es sollte *nicht* beinhalten, dass dieser Mensch unbedingt massiv abnehmen „muss". Das würde im Unterbewusstsein zusätzliche erhebliche Ängste schüren und jeglichen möglichen Heilungserfolg von vornherein vereiteln! Vielmehr kannst du z.B. dem Unterbewusstsein den Gedanken anbieten, dass „genug Nahrung da ist – auf *allen* Ebenen". Diesen Satz sprichst du dreimal laut aus, und dann erlaubst du der Christusenergie zu fließen. Mit einer einzigen Sitzung wird es normalerweise nicht getan sein, aber wenn dein Klient auf einer tieferen Ebene begriffen hat, worum es geht, dann wird er auch weiterkommen!

Bei der Magersucht ist besonders viel Vorarbeit zu leisten, bevor du die angemessene Zielformulierung finden kannst. Die Seelenanteile, die nicht hier sein wollen, sind von früheren Leben her zutiefst traumatisiert, und es wird nicht funktionieren, ihnen einfach eine „positive Affirmation" aufzupfropfen, wie z.B.: „Ich will leben". Hilf vielmehr deiner Patientin/deinem Patienten, liebevoll mit diesen Seelenanteilen zu arbeiten, z.b. auf dem Wege über den bewussten Weichen Atem. Es ist unerlässlich, dass der Mensch diese Anteile selbst deutlich wahrnimmt und ihre Emotionen zulässt. Diese wird er mit Sicherheit als sehr „unangenehm" empfinden und sich unter Umständen anfangs mit Händen und Füßen dagegen sträuben. Willst du jedoch den Lebenswillen dieser Person wecken, so kommst du nicht umhin, ihr klarzumachen, dass diese Anteile in ihr Heilung brauchen, und das heißt liebevolle Zuwendung! Magersüchtige sind aber in besonders hohem Maße „vom Selbsthass zerfressen" und huldigen außerdem meist auch noch einem extremen Perfektionismus. Sie wollen den „perfekten Körper", und das ist letztlich der ätherische Körper, der gar nicht mehr physisch wahrnehmbar ist. Du brauchst also viel Einfühlungsvermögen und Fingerspitzengefühl...

Hast du aber schließlich einen Funken an Lebenswillen geweckt, sind ein paar Anteile in die Seele zurückgekehrt, dann endlich ist es Zeit für den Einsatz der Christusenergie. Besprich die Zielformulierung mit deiner Patientin: Schlage ihr verschiedene Varianten vor und fordere sie auf, in sich hinein zu spüren, welcher Satz sich hundertprozentig stimmig anfühlt. Erst wenn sie ihre Wahl getroffen hat, kannst du die Heilenergie fließen lassen! Selbstverständlich wirst du in aller Regel auch hier etliche weitere Sitzungen benötigen – spontane „Wunderheilungen" sind gerade bei den Ess-Störungen die Ausnahme.

Ein sehr umfassendes Thema sind die **Erkrankungen von Herz und Kreislauf**. Gehen wir zunächst auf euer liebevolles „Pümpchen" ein, das Tag und Nacht unermüdlich dafür sorgt, dass euer Blut den gesamten Körper durchströmt. Euer Herz ist euch nicht umsonst Symbol für die Liebe, denn es *ist* ihr Sitz! Wenn nun ein Mensch an einer starken Verkalkung der Herzgefäße leidet, so leidet er auf der emotionalen Ebene an einer Herz*verhärtung*: Er verschließt sich (seine Gefäße verschließen sich real) vor der Liebe. Damit sagen wir nicht, dass Angina-pectoris-Patienten, denn um solche handelt es sich ja, „böse" Menschen seien, nein! Die Grundlage für die Verhärtung/Verkalkung ihres Herzens ist vielmehr die Angst vor emotionalem Schmerz, die Angst vor Verletzung auf emotionaler Ebene. Der Mensch „macht zu", um Verletzungen nicht an sich heranzulassen, um keine Schmerzen spüren zu müssen. Paradoxerweise verursacht ihm dann diese seine Angst die *körperlichen* Schmerzen der Enge – Angina pectoris! Lernt er nicht, dieses zu sehen, dann wird er früher oder später an „gebrochenem Herzen" sterben, also am Herzinfarkt...

Wie kannst du diese Menschen bei der Selbstheilung unterstützen? Es geht bei ihnen letztendlich und essenziell um die Selbstliebe! Angst vor emotionaler Verletzung durch andere hat nämlich gerade derjenige, der sich selbst nicht liebt – oder sogar hasst! Wie das? Wenn du anderen erlaubst, dich zu verletzen, dann verletzt du dich in Wahrheit *immer* selbst! Es hat mit dem Gesetz der „Resonanz" zu tun, das wiederum in engem Zusammenhang mit dem Gesetz des „Spiegels" steht. „Resonanz" können wir auf Deutsch mit „Widerhall" übersetzen, vielleicht auch mit

„Echo". Was ihr aussendet, das erhaltet ihr zurück – immer! Auch der Spiegel zeigt euch immer euer eigenes Bild... Mit anderen Worten, eure Mitmenschen spiegeln euch euren wahren Umgang mit euch selbst. Und: Ihr umgebt euch von Beginn eures Erdenlebens an mit Menschen, zu denen ihr in Resonanz steht.

Um auf die Herz-Kranken zurückzukommen: Ihr Herz ist krank vor Sehnsucht nach der Liebe, die sie sich selbst nicht geben können, und ihr Herz ist krank aus Angst vor Selbst-Verletzung. Genau diese Zusammenhänge gilt es für sie zu begreifen, bevor sie die Christusenergie anzunehmen in der Lage sind! Wie gehst du vor, wenn dein Patient dies anzuschauen bereit ist? Du formulierst die Absicht, dass dieser Mensch vollständig in die Selbstliebe gehen kann, und lässt dann wieder los!

Von den Kreislauferkrankungen möchten wir den **Bluthochdruck** herausgreifen. Eure Schulmedizin tappt bezüglich seiner Ursachen bis heute weitgehend im Dunklen. Dabei ist es so einfach: Wer unter Bluthochdruck leidet, der steht innerlich unter hohem Druck – der Name und das Symptom sagen es doch schon! Allerdings lässt dieser – psychische – Druck sich nicht mit den Apparaten der Ärzte messen... Schauen wir einmal genauer hin: Was macht diesen psychischen Hochdruck aus? Nun, dieser Mensch stellt Höchstanforderungen an sich selbst, und zwar auf der *emotionalen* Ebene, nicht so sehr auf der Ebene von beruflicher „Leistung". Er/sie verlangt nämlich von sich selbst die vollkommene „Selbstlosigkeit"; er sieht jegliche Sorge für sein eigenes Wohl als „Egoismus" an. Diese psychische Disposition liegt bei manchen Patienten offen zutage – genau sichtbar für „außenstehende" Beobachter. Bei anderen fällt sie nicht sofort auf, ja, es kann sogar sein, dass sein Umfeld den betreffenden Menschen für besonders „egoistisch" hält. In diesem Falle sind aber heimliche Schuldgefühle im Spiel, eben wegen dieses „Egoismus", und diese verursachen den psychischen Hochdruck, in dessen Gefolge die Hypertonie auftritt.

Es kann sehr schwierig für dich sein, einem solchen Menschen klarzumachen, dass er „egoistisch" sein darf in *dem* Sinne, dass er die Berechtigung – und sogar die höhere Pflicht – hat, zuallererst gut für sich selbst zu sorgen. Er/sie wird sofort und hartnäckig einwenden, dass er nicht „auf Kosten anderer" leben wolle... Diesem Menschen den Unterschied zwischen „Egoismus" und Selbstliebe zu verdeutlichen, ist nicht auf dem Wege über kluge Argumente zu erreichen! Er/sie sollte vielmehr am eigenen Leibe erfahren, dass es auch allen anderen gut tut, wenn er/sie liebevolle Rücksicht auf sich selbst nimmt. Du hast als HeilerIn also hier die Aufgabe, längerfristige Bewusstseinsprozesse „anzuschubsen"... Wenn dann dein Patient begriffen hat, empfehlen wir eine Zielformulierung wie: „Ich diene mir selbst *und* allen anderen". Diesen Satz sollte im Idealfalle der Patient selbst aussprechen und anschließend loslassen. Alternativ formulierst du als HeilerIn die Absicht: „XY lernt, sich selbst zu dienen, und damit allen anderen". Bei den Menschen dieser Gruppe kann – nach entsprechender Vorarbeit – schon eine einzige Behandlung mit der Christusenergie Wunder wirken!

Kommen wir nun zu einer weiteren chronischen Krankheit, bei der das Thema „Selbstliebe" – bzw. „Selbsthass" – eine besonders große Rolle spielt: dem **Diabetes mellitus**, der „Zuckerkrankheit". Es ist die häufigste Hormonstörung überhaupt: Die Fähigkeit der Bauchspeicheldrüse, Insulin als Schlüssel zur Umwandlung von Zucker in Energie zu produzieren, ist mehr oder weniger stark eingeschränkt. In der Folge steigt der Blutzuckerspiegel gefährlich an. Was steckt hinter dieser Störung der Bauchspeicheldrüse? „Zucker" steht auf der energetischen Ebene für „Liebe"! Allerdings – es handelt sich hier um Liebe auf der Ebene eines Potenzials, denn nur wenn Zucker in Energie umgewandelt wird, ist er dem Körper dienlich. Anderenfalls kann er zerstörerisch wirken. Ebenso kann sich Selbstliebe, die auf der Ebene des Potenzials „hängen bleibt", unter gewissen Umständen in ihr Gegenteil, nämlich Selbsthass, verkehren und somit dem betreffenden Menschen schaden. Dies geschieht in den Fällen, wo das Vergessen der eigenen wahren Herkunft besonders tief ist und der Mensch sich unbewusst sehr stark gegen das Erwachen sträubt. Das ist bei den meisten Diabetikern der Fall.

Was aber, so fragst du jetzt vielleicht, wenn ein erwachender Mensch an Diabetes mellitus leidet? Nun, in aller Regel hatte dieser Mensch die Zuckerkrankheit schon, bevor er in den Prozess des Erwachens eintrat. Dann geht es für sie oder ihn jetzt darum, sich selbst immer *noch* näher zu kommen. Wer aber während des Erwachensprozesses an Diabetes erkrankt, bei dem handelt es sich um Themen aus früheren Leben, die im Verlaufe dieses Prozesses aktiviert wurden, um zu heilen.

Du arbeitest als HeilerIn also mit diesen Menschen intensiv am Thema „Selbstliebe", bevor du die Christusenergie einsetzt.[9] Dann erst, wenn dein Patient die ersten erkennbaren Schritte hin zur Selbstliebe getan hat, sprichst du die folgende Absichtserklärung aus: „XY heilt vollständig in seinem Herzen." Anschließend wieder loslassen, versteht sich!

Unser nächstes Thema sind die Erkrankungen des **Magen-Darm-Traktes**. Physisch gesehen geht es hier um Störungen in eurem Verdauungsprozess. Wenn ihr aber „schlecht verdaut", dann bedeutet das immer auch, dass ihr auf psychischer Ebene „an etwas knabbert"...

Schauen wir uns zunächst einmal euren **Magen** an: Hier wird die aufgenommene Nahrung weiter zerlegt. Die Magensäure (0,5-prozentige Salzsäure) ist sehr aggressiv und kann die Magenschleimhaut angreifen, wenn diese vorgeschädigt ist. Das kann zu Magengeschwüren führen und sogar zu Magenkrebs. Was läuft aber auf der seelischen Ebene ab, wenn der Magen sozusagen „sich selbst verdaut"? Ihr seid – im wahrsten Sinne des Wortes – „sauer"! Magenkranke sollten sich *immer* fragen, welcher Zorn – oder auch welcher Kummer – „an ihnen nagt" und wie sie diesen in den Fluss bringen können. Diese Patienten neigen nämlich dazu, „alles in sich hinein zu fressen" und Gefühlsäußerungen zu unterdrücken. Schlechte Laune kommt dann allerdings auf, wenn der Magen kneift... Es gilt aber, an die Ursachen heranzukommen: Was genau „schlägt ihm auf den Magen"? Wenn du *das* gemeinsam mit deinem Patienten herausgefunden hast, formulierst du das Selbstheilungsziel: „Alle Energien von XY fließen frei!"

Reflux/„Sodbrennen": Hierbei fließt saurer Nahrungsbrei zurück in die Speiseröhre. Zur Deutung hat der Volksmund, den wir vorhin mehrfach zitiert haben, auch wieder eine interessante Wendung parat: „Mir stößt etwas sauer auf" bezieht sich nämlich nicht auf den körperlichen Vorgang, sondern auf ein emotionales Geschehen: Etwas „kommt dir hoch", das du vielleicht zuvor weggedrängt hattest, das aber jetzt mit Macht in dein Bewusstsein treten will. Wer chronisch unter Reflux leidet, der sollte sich fragen: „Was verberge ich so hartnäckig vor mir selbst?"

Vielleicht wendet jetzt jemand ein, dass die Reflux-Erkrankung doch damit zu tun habe, dass ein Mensch ständig schwer verdauliche Speisen zu sich nimmt. Ja... das *kann* ein Faktor sein, aber dann fragt sich immer noch, was *das* auf der spirituelle n Ebene bedeutet! Wir behaupten: Wer schwere Speisen zu sich nimmt, der gibt sich selbst damit unbewusst ein Zeichen, nämlich dass er/sie in seinem Leben chronisch mit „schwer verdaulichen" Herausforderungen konfrontiert ist, die es zu sehen und anzunehmen gilt.

Im Falle einer Reflux-Erkrankung sollte der Patient selbst sein Ziel formulieren (und dann loslassen), z.b.: „Ich schaue mir die Herausforderungen meines Lebens an, und ich nehme sie an."

Euer **Darm** ist ein Wunder, das ihr selten schätzt: Zusammen mit Billionen von helfenden Bakterien vollendet er zunächst einmal das Verdauungswerk und führt eurem Körper auf dem Wege über das Blut die Nährstoffe zu, die er zum Leben benötigt. Was gerade nicht gebraucht wird, wird entweder ausgeschieden oder als Fettreserve „für schlechte Zeiten" eingelagert. Was überhaupt nicht verwertet werden kann, landet auf jeden Fall im Stuhl. Hier gleich eine gute Nachricht für alle, die gerne ihre „paar

Pfunde zuviel" loswerden wollen: Euer „Urgehirn", das für die Einlagerung von solchen Reserven verantwortlich ist, weiß zwar normalerweise nicht, dass es heute in Mitteleuropa keine Hungersnöte mehr gibt, aber ihr könnt es ihm signalisieren! Wie soll das funktionieren? Nun, es geht mithilfe der Christusenergie! Ihr formuliert den Satz: „Es ist immer genug zu essen da", lasst los, und dann lenkt ihr die Christusenergie durch den Körper des Menschen, der abnehmen will. Das klappt wunderbar bei Menschen, die etwas mollig sind: Sie müssen dann einfach über einen gewissen Zeitraum öfter zur Toilette, um abzugeben, was ihr Körper nicht braucht...[10]

Nun aber zurück zu eurem Darm, dem „unbekannten Wesen": Er ist neben eurem Hirn die zweite Schaltzentrale eures Körpers, und ihr achtet – und be-achtet – ihn in aller Regel viel zu wenig! Wenn ihr vom „Bauchgefühl" sprecht, von Entscheidungen „aus dem Bauch heraus", dann klingt ein wenig von dem an, was euer Darm noch so alles kann außer Speisen verdauen: Euer Darm sieht nicht nur so ähnlich aus wie euer Gehirn – er *ist* auch euer zweites Gehirn! O ja, euer „Bauchgehirn" kann denken – nicht in Worten, aber in Bildern, und es schickt euch oft genug „Ahnungen" nach oben oder warnende Gefühle oder auch die Gewissheit, dass etwas gerade jetzt genau richtig für euch ist. Dabei kooperiert der Darm sowohl eng mit eurem Kopfgehirn als auch mit eurem Herzen. Ja, er ist ein sehr, sehr intelligentes und liebevolles Wesen, das ihr wirklich ehren solltet! Was sollen wir sagen – euer Herz ist das Zentrum eures Liebes-Lichts, aber euer Darm beherbergt die Essenz eurer Seele! Könnt ihr *das* annehmen?!

Nun also, wenn euer Darm nicht gut funktioniert, dann hat das eine Menge unangenehmer Konsequenzen für euren gesamten Organismus! Durchfallerkrankungen können sogar lebensbedrohlich werden, und Verstopfung beeinträchtigt euer Allgemeinbefinden erheblich – ihr sehnt euch nach Er-leicht-erung! So gegensätzlich die Symptome erscheinen, eines haben Durchfall und Verstopfung gemeinsam, und das ist die emotionale Ursache: In beiden Fällen belasten euch nämlich „unverdauliche" Probleme. Im Falle der Diarrhoe „fällt alles durch"; bei der Verstopfung „blockt" es.

Noch gravierender sind chronisch-entzündliche Veränderungen des Darms, die auch zu Darmkrebs entarten können. Hier ist im Körper ein Kampf gegen die unverdaulichen Probleme ausgebrochen, der für den betroffenen Menschen im Extremfalle tödlich ausgeht. Häufig stehen im Hintergrund Beziehungsthemen, z.B. in einer langjährigen Ehe – Themen, die gewaltsam verdrängt gehalten werden. Der Konflikt wird dann halt im Darm ausgetragen...

Wie kannst du als HeilerIn mit einem Menschen arbeiten, der Probleme im Darmbereich hat? Zunächst einmal: Verdeutliche ihm die herausragende Stellung dieses Organs im Körper, seine Eigenschaft als zweite Steuerzentrale neben dem Kopfgehirn! Wenn dein Patient dies begreift, dann bekommt er eine Ahnung davon, wie wichtig die Themen sind, die er über den Darm „verarbeitet" und „schlecht verdaut". Findet anschließend gemeinsam heraus, worum es sich konkret bei diesen Themen handelt. Meistens liegen sie direkt „auf der Hand", werden aber konsequent ausgeblendet, da sie so unbequem anzusehen und anzugehen sind. Nun, im Falle von Problemen, die den Darm „angreifen", empfiehlt es sich in der Tat, dass du mit deinem Patienten zusammen über konkrete Lösungsansätze nachdenkst! Das funktioniert besser, wenn du zuvor die Christusenergie durch seinen Körper gelenkt hast. Findet eine Zielformulierung, die dem konkreten Problem angemessen ist, sprecht sie aus, lasst los... Sein Darm wird es deinem Patienten auf *seine* Weise danken!

„Ein schöner **Rücken** kann auch entzücken", sagt ein geflügeltes Wort bei euch. Wir nehmen diesen Satz jetzt einfach einmal wörtlich. Was ist das, ein „schöner" Rücken? Aus unserer Sicht ist es ein gerader, ein aufgerichteter Rücken. Und wen „entzückt" der? Nun, zuallererst einmal den Menschen selbst, denn er verursacht ihm keine Schmerzen! Außerdem entzückt er *uns*, die Geistige Welt, denn ein Mensch mit einem aufgerichteten Rücken, ein Mensch, der seinen Kopf hoch trägt, aber nicht seine Nase, der ist viel näher dran, seine Bestimmung zu leben, als einer mit Rückenbeschwerden, welcher Art auch immer. Ein aufrecht gehender Mensch kann seine wahre Größe eher spüren als ein verkrümmter oder an Schmerzen leidender.

Wir wollen in diesem Rahmen näher auf das Thema „Rückenschmerzen" eingehen, und zwar auf die *chronischen* Schmerzen unterschiedlicher Herkunft. Chronische Rückenschmerzen werden als sehr quälend empfunden, aber worauf weisen sie euch hin? Anders gefragt: Welches ist ihre Ursache auf der emotionalen und der energetischen Ebene? Nun, ein ständig schmerzender Rücken erinnert den Menschen ganz genau an... seine *Bestimmung*, also an das, wofür er schon oft, aber in diesem Leben erst recht zur Erde gekommen ist! Eure Bestimmung ist das, was ihr gewählt habt, zu sein und zu leben; es ist der Beitrag, den nur dieses *eine*, ganz bestimmte Individuum so und nicht anders leisten kann. Chronische Rückenschmerzen haben genau diejenigen Personen, die sich unbewusst gegen diese ihre Aufgabe wehren!

Für dich als HeilerIn wird es nicht immer einfach sein, einem solchen Patienten diesen Zusammenhang zu vermitteln. An dieser Stelle empfehlen wir ausnahmsweise einmal das umgekehrte Vorgehen: zuerst die Übermittlung der Christusenergie, anschließend die Bewusstmachung der Hintergründe. Du sprichst die Absichtserklärung aus, dass die Wirbelsäule des Patienten sich aufrichten und heilen möge, dann lässt du los. Wiederhole dies, wenn nötig, im Abstand von einigen Tagen noch mehrmals. Wenn die Beschwerden des Klienten abgeklungen sind, sprich mit ihm darüber, was die Schmerzfreiheit mit ihm macht. Ermutige ihn dazu, sich selbst genau zu beobachten, und mache ihn darauf aufmerksam, dass sich nun Potenziale bemerkbar machen können, die er noch nicht bei sich gesehen, geschweige denn gelebt hat. Bitte ihn, sich auf die entsprechenden Ideen und Gedanken einzulassen, auch wenn sie ihm zunächst als „verrückt" und „undurchführbar" erscheinen. So kannst du diesem Menschen helfen, zum Weg seiner Bestimmung zu finden, und ihn, wenn er mag, auch noch weiter in diese Richtung begleiten.

Zum Schluss noch ein paar Worte zu den **Atemwegser-krankungen und Allergien**. Wir behandeln beide zusammen, da es eine zentrale Gemeinsamkeit bei ihren tieferen Ursachen gibt: In beiden Fällen wehren sich starke Anteile im Menschen gegen das Hiersein auf der Erde, „akut" oder „chronisch".

Mit dem Atem nehmt ihr nicht nur den für euren physischen Körper lebensnotwendigen Sauerstoff auf, sondern auch – auf der energetischen Ebene – das „Chi", das „Prana", die Lebenskraft aus dem Universum. Wenn ihr nun „die Nase voll" habt und der Welt „was hustet", dann möchtet ihr am liebsten aus einer Situation aussteigen, die euch momentan überfordert. Ihr möchtet „eure Ruhe haben" und euch zurückziehen. Da kommen euch die Erkältungsviren gerade recht: Euer Körper ortet sie als „Feinde", beginnt sie zu bekämpfen, und schon liegt ihr flach...

Bei einer Allergie erfährt euer Körper einen oder mehrere – eigentlich harmlose – Stoffe aus der Außenwelt als „Feind" – die Mastzellen des Immunsystems schütten das Histamin und andere Entzündungsstoffe zu ihrer Bekämpfung aus. Wenn sich die allergische Reaktion auf den ganzen Körper ausweitet, kann es sogar lebensbedrohlich werden!

Was kannst du als HeilerIn bei einer Atemwegserkrankung oder einer Allergie tun? Nun, ein Patient mit einem „banalen Infekt" will und braucht nicht mehr und nicht weniger als seine Ruhe. Er/sie sollte sich möglichst – wenigstens zwischendurch – hinlegen und einfach zu sich selbst kommen, sich selbst spüren. Zu seiner Unterstützung kannst du ihm Christusenergie übermitteln. Einen Patienten mit einer schweren Bronchitis oder dem Verdacht auf Lungenentzündung schicke bitte zunächst zu einem Arzt oder Heilpraktiker; wenn er entsprechend versorgt ist, kannst du mit ihm zusammen an die Ursachenforschung gehen.

Auch Allergiker brauchen meist zusätzlich zu deiner Unterstützung die Hilfe eines Mediziners, jedoch kann es in ihrem Falle besonders lohnend sein herauszufinden, was ihr Körper auf einer tieferen Ebene gegen ein bestimmtes Allergen hat und warum er sich auf diese Weise gegen das Leben wehrt. Sowohl bei einer schweren Atemwegserkrankung als auch bei einer Allergie kannst du z.b. die folgende Absichtserklärung verwenden: „XY nimmt die Lebenskraft an." Anschließend, wie immer, loslassen und die Veränderung und Heilung an der richtigen Stelle erlauben!

Christus-Marien-Energie für Tier, Pflanze und Landschaft

Jesus Sananda, Lady Nada, Lady /Mutter Maria

Dies ist eine ergänzende Durchgabe für die 2. erweiterte Auflage unseres Buches „Die Christus-Energie – Einweihungen und Praxis".

Liebes Menschenwesen,
wenn du den tiefen Wunsch empfindest, auch die Natur um dich herum mit der Christus-Marien-Energie zu behandeln und heilen zu lassen, dann darfst du sehr gerne *nach Abschluss der 13 Einweihungen des Grades I* die weiter unten beschriebene Energieübertragung annehmen. Sie befähigt und ermächtigt dich dazu, jegliches Tier – oder auch Tierart – und jegliche Pflanze/Pflanzenart sowie auch ganze Landstriche, bei denen du spürst, dass Ungleichgewicht vorhanden ist, bei der Heilung zu unterstützen.

Dein Vorgehen bei der Heilarbeit:
Bei *Tieren* kannst du deine Hände auflegen, wenn es sich um größere Haus- oder „Nutz"-Tiere handelt. Folge hier ganz und gar deiner Intuition: Das Tier selbst wird dir die Hände führen! Bei kleineren *Pflanzen* kannst du deine Hände über sie halten, du kannst sie auch zart streicheln. Sie werden es dir danken! Größere Bäume, die Hilfe anfordern, umarme liebevoll. Wenn du Ungleichgewicht, das vom Menschen verursacht wurde, in einer *Landschaft* fühlst, dann breite deine Arme aus und sprich in Gedanken oder laut: „Mögen die segnenden Geister zurückkeh-

ren, die dich verlassen haben! Mögest du heilen und in dein ursprüngliches Gleichgewicht zurückkehren! Möge der Segen der Göttlichen Quelle für immer auf dir ruhen!" Landschaftsheilung ist besonders effektiv, wenn ihr zu mehreren wirkt.

Haustiere nehmen in aller Regel aus unermesslicher Liebe die schwierigsten Themen „ihrer" Menschen auf sich. Pflanzen sind sehr häufig belastet durch Schäden aufgrund von widernatürlichen Züchtungen und zusätzlich durch Pflanzen"schutz"mittel und unangemessene Formen von Düngung. Beide, Tiere und Pflanzen, verlieren so ihren „aufrechten Gang" bzw. Stand – nicht immer nur auf der energetischen Ebene. Um ihnen bei ihrer **Wieder-Aufrichtung** zu helfen, gehst du wie folgt vor:

Tiere: Gehe in die Verbindung mit Mutter Erde und der Göttlichen Quelle und spüre die Liebe in deinem Herzen. Lege dem Tier beide Hände auf den Kopf; lässt es dies nicht zu, halte sie darüber. Erlaube nun, dass die Christus-Marien-Energie durch deinen Kanal zu dem Tier fließt und sprich oder denke dabei: „Möge die Göttliche Quelle dir abnehmen, was dich verkrümmt, und es geheilt dorthin zurückgeben, wo es hingehört."

Pflanzen: Halte beide Hände über die Pflanze, oder umarme den Baum. Handelt es sich um ein Beet oder einen Acker, breite deine Arme aus. Nachdem du in die Verbindung mit Erde, Himmel und deinem Herzen gegangen bist, lasse die Christus-Marien-Energie durch deinen Kanal zu der/den Pflanze/n fließen und denke oder sprich dabei: „Möge die Göttliche Quelle von dir/euch nehmen und reinigen, was dich/euch verseucht. Mögest du dich aufrichten in dein ursprüngliches und wahres Sein hinein."

Anmerkungen zur Einweihung:
Zur Vorbereitung kannst du entweder in einem ungestör-
ten, ruhigen Raum eine Kerze anzünden und dich durch
bewusstes Atmen ins Jetzt begeben. Schön ist es auch, wenn
du diese Einweihung in der Natur – Garten, Wald, Wie-
se... - annimmst. Vor Ort kannst du dir aus den Dingen,
die du dort vorfindest, einen kleinen Naturaltar bauen.
Dieses Vorgehen ist unterstützend, aber nicht unbedingt
erforderlich.

Sprich oder denke, wenn du dich eingestimmt hast: „Ich
(dein Name) nehme jetzt für mich die Einweihung zur
Heilung der Natur an." Du kannst auch eine andere For-
mulierung wählen; auf jeden Fall sollte sie sich für dich
angenehm anfühlen.

Anschließend atmest du ruhig und in deinem natürlichen
Rhythmus weiter und spürst das Strömen der Energie.
Wahrnehmungen, Botschaften, Bilder, die während der
Übertragung auftauchen, kannst du später notieren.

Gönne dir nach Abschluss der Einweihung noch ein wenig
Ruhe und Zeit zur Selbstbesinnung.

Nachwort der Großen Weißen Bruder- und Schwesternschaft

Wir beenden unsere Mitteilungen im Mai 2014. Es gäbe noch manches mehr zu sagen, aber wir möchten uns in diesem Zusammenhang auf das Wesentliche beschränken.

Auf eine Frage möchten wir noch eingehen, die vielleicht offen geblieben ist: In der heutigen Zeit arbeiten schon etliche HeilerInnen mit den Quanten – steht das Heilen mit der Christusenergie in „Konkurrenz" hierzu? Natürlich nicht! Wie wir schon ausführten, *ist* Christusenergie ja Quantenenergie; es handelt sich bei dem von uns in diesem Rahmen beschriebenen Weg einfach um eine sehr sinnvolle und schöne Variante der Arbeit mit den Quanten. Diese Variante ist besonders für Menschen geeignet, die eine Methode suchen, welche an die christliche Tradition angelehnt ist, Menschen, die eine besondere Beziehung zu Jesus Christus haben. Wir hoffen, mit diesem kleinen Buch möglichst viele dieser Menschen erreichen zu können!

Sananda und
die Große Weiße Bruder- und Schwesternschaft

Nachwort zur 2. Auflage

Mittlerweile sind einige Jahre ins Land gegangen. Die Menschheit – und große Teile des mit ihr verbundenen Universums – steht an der Schwelle eines neuen Zeitalters. Wir von der Großen Weißen Schwestern- und Bruderschaft nennen es gerne das Kristalline Zeitalter. Momentan, im Frühjahr 2022, scheiden sich global die Geister, scheiden sich die Wege. Alte Gefährten trennen sich, neue finden zueinander – die Scheidung geht manchmal mitten durch die Familien hindurch. Ganz neue, nie zuvor beschrittene Pfade werden erprobt… Wir möchten dir hierzu sagen: Lass dein offenes Herz dein Kompass sein, dann ist die Liebe dein Wegweiser! Mehr denn je ist die Energie, die wir heute die Christus-Marien-Energie nennen, eine wundervolle Hilfe, ein unschätzbar wertvolles Werkzeug zur Reinigung und Öffnung eines verletzten und teilweise verschlossenen Herzens. Das Licht dieser äußerst hochschwingenden und wirksamen Energie bringt dich zurück in die Erfahrung der ursprünglichen und natürlichen Einheit mit der Göttlichen Quelle allen Seins.

In dieser so bewegten und herausfordernden Zeit kehrt die Energie der Göttlichen Mutter, die über Jahrtausende wie verbannt von der Erde war, wieder zurück – auf dem Wege über mutige Frauen und auch Männer, die erkannt haben, dass ohne Sie und ihre Bedingungslose Liebe keine Heilung all der geschlagenen Wunden möglich ist. Ohne Sie kein Frieden in den Herzen und Seelen, ohne Sie keine Versöhnung unter den Menschen… Lade auch du diese überaus magische weibliche Energie zu dir ein!

Anmerkungen

1 Heil-Installationen: Diesen Begriff gab mir die Geistige Welt. Es handelt sich um einen kleinen Altar, der verschiedene Gegenstände umfasst, z.b. eine Pflanze, eine weiße Kerze, Orakelkarten, Kristalle... diese Gegenstände nehmen die Christusenergie auf und auf dem Wege über die Heil-Installation versende ich sie.

2 siehe ihr Buch: Der physische Aufstieg des Menschen, ch. falk-verlag, Seeon 2014, ISBN 978-3-89568-266-7

3 Dieser Planet wurde von seinen Bewohnern zerstört; es handelt sich um den heutigen Asteroiden-Gürtel

4 Omniversum: Gesamtheit aller existierenden Paralleluniversen

5 Eine von ihnen ist Corinna Stübiger – http://www.heilraum-stuebiger.de/therapiemethoden/energieheilkunde-geistiges-heilen/energetische-wirbelsaeulenbehandlung/

6 Wenn du nicht visualisieren kannst: Stelle dir die Krone vor, indem du an sie denkst.

7 Ines Nandi, ch. falk-verlag, 2014

8 Anmerkung der Autorin: Was bestimmte körperliche Funktionen und Vorgänge betrifft, durfte ich mir Informationen aus dem Buch von Dietrich Grönemeyer holen: *Grönemeyers neues Hausbuch der Gesundheit*, Rowohlt Taschenbuch Verlag, Reinbek bei Hamburg, 2010.

9 Hierzu eine Buchempfehlung: JonaMo, *„Liebes-Botschaften deiner Seele. Ein Kurs in Selbstliebe"*, ISBN 978-3-8442-8769-1

10 Bei krankhafter Fettleibigkeit liegen die Dinge komplizierter, s.o.

Die Autorin

Der Prozess meines spirituellen Erwachens begann im Frühjahr 1982 mit dem Gedanken: „Jetzt bin ich 33 und kein bisschen weise." Ich dachte dabei an das Vor-Bild von Jesus, der nach der christlichen Überlieferung im Alter von 33 Jahren den Weg durch Tod und Auferstehung beschritt. 40 Jahre sind seither ins Land gegangen – 40 Jahre in der inneren Wüste oder eher im inneren Dschungel. Mein Kanal in feinstoffliche Welten hinein war von heute auf morgen weit offen und es kam einfach alles herein: tiefe Ekstase in erlebter Verbindung mit dem Göttlichen, köstliche Gespräche mit einem sehr unkonventionellen und humorvollen Jesus, aber auch Angriffe zuhauf durch kalte, niedrig schwingende Wesenheiten. Was soll ich sagen – häufig genug fiel ich auf sie herein, weil mein Herz noch nicht frei war, sodass ich ihre Täuschungen nicht klar erkennen konnte.

Erste Einweihungen in die Christusenergie durch Jesus Sananda erfuhr ich im Jahre 2008, weitere im Frühjahr 2014. Im Zuge der Energieübertragungen von 2014 entstand parallel dieses kleine Buch, kurz darauf „Der physische Aufstieg des Menschen". Im Sommer 2018 wurde mir die Bezeichnung Christus-Marien-Energie übermittelt.

Heute ist die Christus-Marien-Energie unverzichtbarer Teil meiner Arbeit mit Menschen, die neue Wege in eine neue Zeit beschreiten möchten.

Kontakt: www.inesnandi.com
Kanal auf Telegram: https://t.me/christusmarienlicht